身になる練習法

剣道
質と実戦力を高める稽古法

著 **香田郡秀** 筑波大学教授 範士八段

INTRODUCTION
はじめに

　剣道の試合は「試し合い」の場です。それまで稽古で身につけたものをお互いに「試し合って」、自分がやってきた鍛錬や技能が生かされているか、不足しているものは何か、気づく場なのです。

　試合後はそれを謙虚に振り返り、反省し、どのように課題を克服するか、考えて実行するのが稽古の場になります。ですから、試合に負けたからといって、あまり落ち込むこともないわけです。

　むしろ、稽古の内容や努力の方向の軌道修正をする機会と、それによって上達できるチャンスをいただいたと考えればいいでしょう。

　稽古ではこうして得た課題を、与えられた練習メニューにあてはめ、どうすればうまくいくか、考え、工夫していきます。押しつけられた稽古はモチベーションが上がりませんが、自分で決めた目標がある稽古なら励みになります。そしてその効果が試合で発揮されれば、より稽古が楽しく有意義に感じられるはずです。

　このような良いながれをつくるためにも、どうか本書を活用してください。この本には基本動作、基本技術、応用技術、試合での戦い方を習得できる稽古法が網羅されています。試合や稽古で感じた疑問や不満、不安、反省点などを解決する糸口を是非とも見つけてください。

　こうした日々の稽古も大事ですが、私はみなさんに見て学ぶ「見取り稽古」の大切さを知っていただきたいと思います。それは先生や上級生、強い選手の稽古や試合をよく見て、感じ、まねをすることです。間合いのとり方、体のさばき方、打突のタイミングなど、見よう見まねで繰り返しているうちに、いつか自分のものになるはずです。

　剣道の強い高校や大学の伝統校は、下級生がレベルの高い上級生をまぢかに見て、自然とそのまねをすることで強さが受け継がれていくと私は思います。そういう意味では、見取り稽古も立派な「身になる練習法」のひとつです。「見て、感じて、試して、考えて」。心と体をフル稼働させて稽古に精進してください。

筑波大学教授　範士八段　**香田郡秀**

CONTENTS
目次

- 2   はじめに
- 8   本書の使い方

第1章　構え・基本動作・竹刀の振り方

- 10   Menu001   正しい姿勢（自然体）
- 12   Menu002   足の構え
- 14   Menu003   足さばき　送り足
- 18   Menu004   足さばき　開き足
- 20   Menu005   足さばき　方向を変える足さばき
- 22   Menu006   竹刀の持ち方
- 24   Menu007   構えと目付け
- 28   Menu008   上下振り
- 30   Menu009   空間打突　正面打ち
- 34   Menu010   空間打突　左面・右面打ち
- 36   Menu011   空間打突　小手打ち
- 38   Menu012   空間打突　胴打ち
- 40   Menu013   かけ声
- 41   Menu014   間合
- 42   column   剣道着、剣道具の着装

第2章　基本技術

46	Menu015	基本の面打ち
48	Menu016	基本の小手打ち
50	Menu017	基本の胴打ち
52	Menu018	基本の突き
54	Menu019	体当たり
56	Menu020	つばぜり合い
58	Menu021	切り返し
62	Menu022	残心
64	column	礼法と所作

第3章　仕かけ技・応じ技

68	Menu023	実戦での面打ち
70	Menu024	実戦での小手打ち
72	Menu025	実戦での胴打ち
74	Menu026	実戦での突き
76	Menu027	小手から面の連続技
78	Menu028	面から面への連続技
80	Menu029	小手から胴への連続技
82	Menu030	突きから面の連続技
84	Menu031	払い面
88	Menu032	払い小手
90	Menu033	出ばな面①
92	Menu034	出ばな面②
94	Menu035	出ばな小手
96	Menu036	引き面①
98	Menu037	引き面②
100	Menu038	引き胴①
102	Menu039	引き胴②
104	Menu040	引き小手①

106	Menu041	引き小手②
108	Menu042	突きすり上げ面
112	Menu043	面すり上げ面
114	Menu044	小手すり上げ面
116	Menu045	小手すり上げ小手
118	Menu046	面返し胴
120	Menu047	面抜き胴
122	Menu048	小手抜き面
124	Menu049	胴打ち落とし面
126	Menu050	小手打ち落とし面
128	Q&A	

第4章　実戦を想定した練習法

134	Menu051	打突に勢いをつける稽古法
136	Menu052	面の追い込み
138	Menu053	動作の切り替えを早くする稽古法
142	Menu054	つねに「先」をとる稽古法

144	Menu055	いろいろな攻め方を身につける
152	Menu056	攻め込みながら打突
154	Menu057	攻め込まれている場合の打突
156	Menu058	つばぜり合いになる前に技を出す
158	Menu059	つばぜり合いからの一本勝負
160	Menu060	試合時間残り30秒で一本をとる
162	Menu061	コーナーでの戦い方
164	column	試合に強い人は自分の得意技をもっている

第5章 練習計画の立て方

- 166 練習計画の立て方
- 168 練習の成果を出すためのチーム・マネジメント
- 170 年間スケジュールの把握
- 172 1日の練習スケジュール

- 174 おわりに
- 175 著者&チーム紹介

本書の使い方

本書では、写真やアイコンなどを用いて、一つひとつのメニューを具体的に、よりわかりやすく説明しています。写真や"やり方"を見るだけでもすぐに練習を始められますが、この練習はなぜ必要なのか？ どこに注意すればいいのかを理解して取り組むことで、より効果的なトレーニングにすることができます。普段の練習に取り入れて、上達に役立ててみてください。

▶ 上達する能力が一目瞭然

練習の難易度や、その練習がどの能力の強化をねらったものかを具体的に紹介。自分に適したメニューを見つけて練習に取り組んでみましょう。

▶ なぜこの練習が必要か？

この練習がなぜ必要なのか？ 実戦にどう生きてくるかを解説。また練習を行う際のポイントも示しています。

そのほかのアイコンの見方

練習を行う際の注意点や、NG例などを示しています

掲載した練習法をより効果的に行うためのアドバイスです

練習にまつわるエピソードなどを紹介します

第 1 章
構え・基本動作・竹刀の振り方

上達への近道は、正しい基本を繰り返すこと。
本章ではすべての土台づくりとなる構えから基本動作、
竹刀の振り方を説明していく。

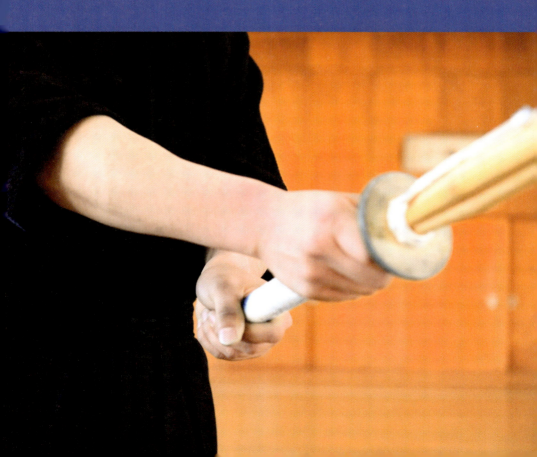

正しい構え

正しい構えの基本となる自然体を身につける

Menu 001 正しい姿勢（自然体）

【自然体の姿勢】

前から

肩の力を抜く

横から

下腹部に力を入れて立つ

> ⚠️ ポイント

肩の力を抜き、
下腹部に力を入れる

自然体で立つには、肩の力を抜き、へその下あたり（丹田）に力を入れるようにする。
そして丹田を意識しながら腹式呼吸すると、体の余分な力が抜け、自然な姿勢がとれる。

10

【自然体で構えをつくる】

肩甲骨を意識して腕を動かす

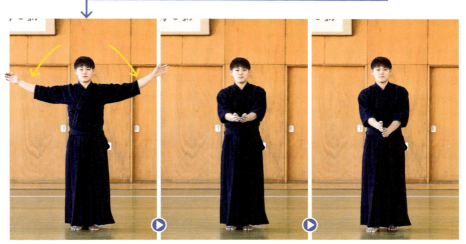

▲肩から大きく腕を回し、へその前で両手を合わせる。うすると自然に肩の力が抜け、首筋や背筋も伸びて、下腹部に力が入った自然体の姿勢になる

❓ なぜ必要？

自然体の姿勢は正しい構えの基本

自然体とは、体のどこにも無駄な力、無理な力が入っていない姿勢のこと。これが剣道の正しい構え（P24～参照）の基本となる。とくに肩に力が入った構えでは、打突の速さ、手の内の冴えにも悪影響をおよぼすので注意したい。

正しい構え

安定した姿勢で素早く、スムーズに移動する

ねらい

Menu **002** 足の構え

難易度 ★★☆☆☆

上達する能力
▶ 間合
▶ 打突の機会
▶ 体さばき
▶ 手の内の冴え
▶ 打突の強度

【自然体の姿勢】

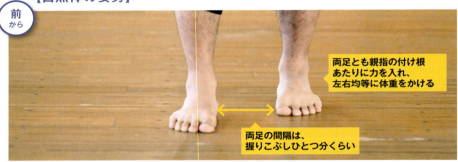

前から

両足とも親指の付け根あたりに力を入れ、左右均等に体重をかける

両足の間隔は、握りこぶしひとつ分くらい

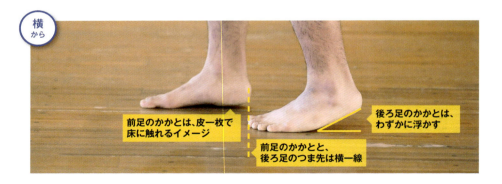

横から

前足のかかとは、皮一枚で床に触れるイメージ

前足のかかとと、後ろ足のつま先は横一線

後ろ足のかかとは、わずかに浮かす

⚠ ポイント

左右均等に体重をかけ、重心は体の中心に置く

安定感のある構えをつくるためにも、また、次に紹介するすり足でスムーズに移動するためにも、正しい足の構えが大切になる。握りこぶし約ひとつ分の間隔で足を開き、前（右）足かかとの横延長線上に、後ろ（左）足のつま先を置く。前足のかかとは、皮一枚で床に触れる感覚で。後ろ足はつま先から足の半分ほどが床に触れ、かかとをわずかに浮かす。左右均等に体重をかけ、頭頂部から真下へ棒を通すようなつもりで、重心を体の真ん中に置く。

なぜ必要？
すり足は剣道の足さばきの基本

すり足は、足の裏で床をするようにして移動する方法。剣道の足の動きの基本であり、この後に紹介するいろいろな足さばきのベースになる。すり足を使うことで体のブレや上下動がなく、安定した姿勢で素早く移動できる。すり足でスムーズに移動するためにも、正しい足の構えを身につけておこう。

ワンポイントアドバイス
≫ 左右の足は適正な間隔で

構えたときに、左右の足の間隔が広いと、前後への移動が遅くなりがち。また、間隔が狭すぎると姿勢が不安定になり、横への移動がしにくい。握りこぶしひとつ分を目安に、前後左右に安定して素早く動ける、両足の間隔を体で覚えておきたい。

【すり足の動き】　▼正しい足の構えから、前足を床にするようにして前へ出し、素早く後ろ足を引きつけ、元の構えに戻る

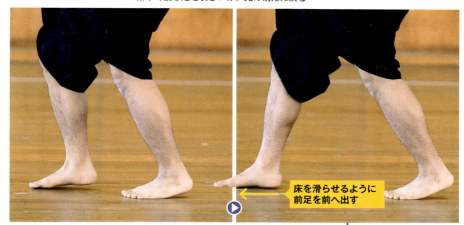

床を滑らせるように前足を前へ出す

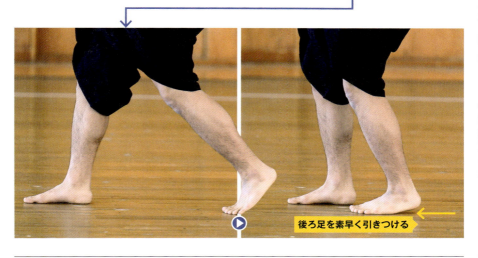

後ろ足を素早く引きつける

基本の動作

前後左右へ素早く正しい姿勢で移動する

ねらい

Menu **003** 足さばき　送り足

難易度 ★★☆☆☆

上達する能力
▶ 間合
▶ 打突の機会
▶ 体さばき
▶ 手の内の冴え
▶ 打突の強度

> **やり方**
> 竹刀を持って構えた姿勢で、前後左右へすり足を使って移動する。
> 移動中は膝をやわらかく使い、体が上下左右に動かないようにする

【前への送り足】

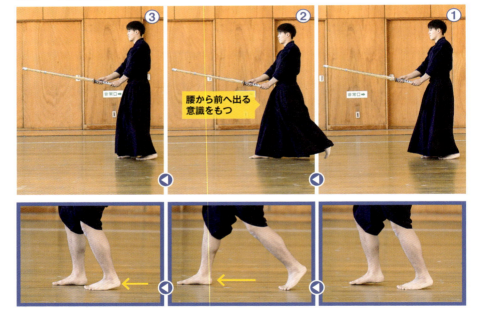

腰から前へ出る意識をもつ

① 正しい足の構えから
② 後ろ足で床を後ろへ押しながら、前足をすり足で前へ出す
③ すぐに後ろ足を引きつける

> ⚠ **ポイント**
>
> ### 左こぶしの位置を固定
>
> 送り足で移動中は、竹刀を持った左こぶしをへその前で固定し、安定させることが大切。こうすることで腰からスムーズに移動できるようになり、動きに安定感が生まれる。左こぶしがブラブラしていると、体がブレたり上下に動きやすいので姿勢が不安定になる。

❌ ここに注意！

移動中も構えた姿勢をキープ

前へ出るときに体が前傾したり、左手が前へ出てしまうようなケースが多い。竹刀を持って構えた姿勢を崩さず移動するには、左こぶしをへその前で固定し、竹刀の高さ、目線の高さを一定に保つことを意識しよう。また、後ろへ下がるときは、前足のつま先が上がって、姿勢が不安定になりやすいので注意したい。

▲頭が体よりも先に出て、体が前傾してしまう　▲左手が前へ出て、左こぶしの位置がずれると、移動が不安定になる　▲前足のつま先を上げて後ろへ下がると、不安定な体勢になる

【後ろへの送り足】

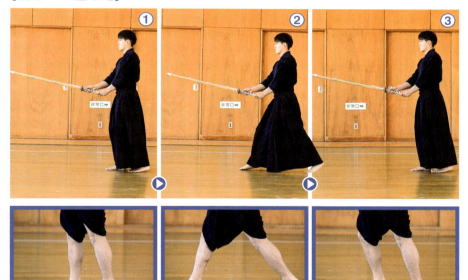

①正しい足の構えから
②前足の指先で床を押しながら、後ろ足をすり足で後方へ下げる
③すぐに前足を後ろ足に引きつけ、元の構えに戻る

基本の動作

Menu 003 足さばき　送り足

【横（右）への送り足】

①正しい足の構えから
②左足を軸足にして、
　右足を横へ滑らせるように動かす
③すぐに左足を右足に引きつけ、元の構えに戻る

✕ ここに注意！

体のバランスを崩しがち

横への送り足では、体が傾いたりブレたりして、バランスを崩しやすいので注意。前後への移動時と同じく、左こぶしの位置を安定させれば、動きながらでも正しい姿勢が保てる。

▶体がブレてバランスを崩すと、正しい姿勢で打突ができない

16

【横(左)への送り足】

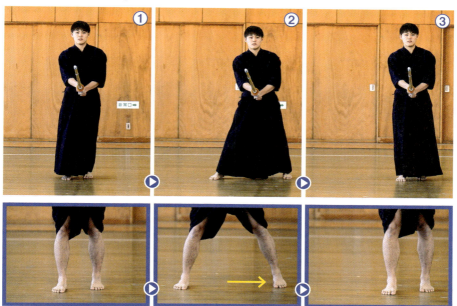

① 正しい足の構えから
② 右足を軸足にして左足を左へ滑らせるように動かす
③ すぐに右足を左足に引きつけ、元の構えに戻る

【送り足の動き】

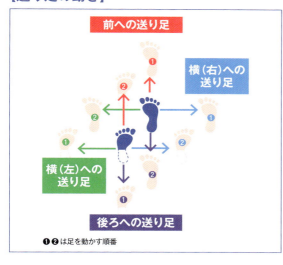

❶❷は足を動かす順番

Arrange
斜めへの送り足も練習

ここでは紹介していないが、斜め前後への送り足も練習しておき、実戦での複雑な動きにも対応できるようにしておきたい。斜めへの送り足では、右側へ移動するときは前(右)足から、左側へ移動するときは左足から踏み出す。

17

基本の動作

体を開きながら斜め前へ移動する

ねらい

Menu **004** 足さばき　開き足

難易度 ★★★☆☆

上達する能力
▶ 間合
▶ 打突の機会
▶ 体さばき
▶ 手の内の冴え
▶ 打突の強度

やり方

斜め前方へ踏み出しつつ、相手がいると仮定する方向へ体を開いて移動する。
足の踏み出しと体の開きを、ひとつの動きの中で行うようにする

【右への開き足】

①正しい足の構えから
②前足を斜め前へ踏み出しながら、体を開く
③後ろ足を素早く引きつけ、元の構えに戻る

なぜ必要？

攻めをかわす、さばく動き

斜め前へ体を移動させる開き足は、実戦で相手の攻めをかわしたり、さばくときに有効な手段。そのため、踏み出した足が床についてから体を開いていては、対応が遅れてしまう。足を踏み出しながら体を開き、次のアクションへスムーズに移れる体勢を素早くつくろう。

ポイント

仮想の相手と正対する

開き足では、仮想の相手をつねに自分の正面に置いて、スキをみせずに移動することを意識しよう。竹刀を振って行うことで、移動後にすぐ打突する動きが身につけられる。

【左への開き足】

基の足の構えとは、足の前後関係が逆になるので注意

①正しい足の構えから
②後ろ足を斜め前へ踏み出しながら、体を開く
③前足を素早く引きつけ、左足が前、右足が後ろの構えになる

基本の動作

体を素早く回転させる動作を身につける

ねらい

Menu 005 足さばき
方向を変える足さばき

難易度 ★★☆☆☆

上達する能力
▶ 間合
▶ 打突の機会
▶ 体さばき
▶ 手の内の冴え
▶ 打突の強度

やり方

打突後、右足を軸にして、小さく速く体を180度回転させる。
回った後は、剣先を相手に向けながら一歩前へ出て、
残心（身構え、気構え）を示しながら油断することなく攻め込む

①仮想の相手に向けて打突する
②打突の余勢のまま、送り足で前へ出る
③体の中心で竹刀を立て、右足を軸に体を回す

ポイント
右足を軸に小さく速く回る

方向を変える足さばきは、打突後の残心など、素早く相手に向きなおる動きで使われる。左足を軸に回ると、回転後に左足が前、右足が後ろの位置関係となり、正しい足の構えにならない。必ず右足を軸足にして回るようにする。また、体の回転は小さく、速く、コンパクトな動作で。素早く相手に向きなおる意識をもちたい。

ワンポイントアドバイス
≫ 向きなおった後に一歩前へ

180度回転した後は、すぐに剣先を相手に向けると同時に、右足から一歩前へ出て、攻める身構え、気構えを示すことも稽古で実践しよう。こうした動きを習慣づけることが、試合でも隙のない攻めにつながる。

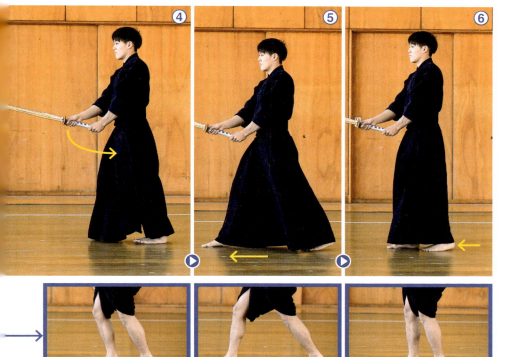

④小さく速く回り、相手と正対する
⑤右足から一歩前へ踏み出し、
⑥左足を素早く引きつけて、いつでも攻められる体勢（構え）をとる

正しい構え

正確に速く打つための竹刀の持ち方を覚える

ねらい

Menu 006 竹刀の持ち方

難易度 ★★☆☆☆

上達する能力
▶ 間合
▶ 打突の機会
▶ 体さばき
▶ 手の内の冴え
▶ 打突の強度

弦

両手の親指と人さし指の分かれ目を、竹刀の中心線上に置く

親指と人さし指がアルファベットの「V」の形になるように

⚠ ポイント

親指と人さし指で「V」の字をつくる

竹刀の持ち方は、打突のスピードや正確さ、スムーズな腕の振りに影響を与える。最も大切な点は、竹刀の中心線（弦の延長線上）に、両手の親指と人さし指の分かれ目を「V」の形にして置くこと。こうすることで竹刀の振り上げ、振り下ろしがスムーズになる。竹刀を握る強さは小指、薬指、中指の順で強くし、人さし指と親指は軽く添える程度の感覚でよい。

【右手】

⚠️ ポイント
人さし指だけが鍔に触れるように

右手はできるだけ軽く、卵を持つようなつもりで握る。竹刀を持ったときに、右ひじが軽く曲がるくらいの位置を握り、人さし指だけが鍔に触れるようにする。

【左手】

⚠️ ポイント
柄頭いっぱいを握る

左手は竹刀操作の中心。傘を差すようなイメージで、柄頭いっぱいのところを握る。

❌ ここに注意!

間違った持ち方では、竹刀を自在に操作できない

竹刀の持ち方が悪いと、思うように竹刀を操作できない。写真Aのように竹刀を横から握ると、縦の動きである竹刀の振り上げ、振り下ろしがやりにくくなる。写真Bのように右手全体を鍔につけ、右腕が突っ張っているような持ち方では、力が入りすぎて竹刀の動きが硬くなる。手首のスナップも効きづらいので、打突に冴えもなくなる。
写真Cのように左手で柄を余して握ると、竹刀を払われたり、打ち落とされたときに、竹刀を落としやすい。

A

B

C

正しい構え

スキがなく、いつでも攻められる体勢をつくる
ねらい

Menu **007** 構えと目付け

難易度 ★★☆☆☆

上達する能力
- 間合
- 打突の機会
- 体さばき
- 手の内の冴え
- 打突の強度

!ポイント

剣先の延長を相手の目と目の間か、左目に向け、自然体で立つ

正しい構えとは、攻め込まれる隙がなく、こちらからはいつでも攻められる準備ができている体勢のこと。そのためには無駄な力を抜いて自然体で立ち、剣先が相手の目と目の間か、左目に向かうように竹刀を構える。目付け（目線）は相手の目を中心に、全身を見るようにする。

ワンポイントアドバイス

≫ 脇を締めて構える

脇があくと左手の位置が不安定になり、正しい構えができない。力みすぎないよう、紙を1枚はさむようなつもりで脇を締めよう。

前から

目付けは相手の目を中心に全身を見る

左手はおおむね正中線上に

24

横から

!ポイント
体の中心の真下に重心を置く

体の中心の真下に重心を置くと、バランスのいい安定感のある構えになる。また、背すじをまっすぐに伸ばして、自然体で立つことでよい構えになる。左手は正中線（体の中心を縦に通る線）上で、体からこぶしひとつ分離して、へその前に置こう（詳細はP 26 参照）。

✕ ここに注意！
鏡などで自分の構えをチェック

自分が正しい構えをとれているか、人に見てもらったり、鏡などを使って前、横、後ろから確認してみよう。とくに体が前傾したり、後ろへ反ってしまうケースが多いので注意したい。

▲構えたときに首が前へ出ると（右の人）、相手からの距離が近くなるので打ち込まれやすい

▲腰が入りすぎて体が反ってしまうと、スムーズに前へ出られなくなる

正しい構え

Menu 007 構えと目付け

【左手の位置】

> ⚠️ ポイント

左手親指の付け根をへその前に置く

正しい構えをつくるためには、左手の位置が重要になる。左手はつねに正中線上に置き、握りこぶしひとつ分、体から離してへその前で構える。ただし、左手全体を体の中心に置こうとすると、やや窮屈な構えになる。左手親指の付け根が、へその前にくるようにして構えよう。左手の位置が正しく決まれば、構えに安定感が出て、正しく打突ができる。

左手親指の付け根をへその前に置く

❌ ここに注意！

左手が安定感をつくる

下の写真のように、左手を上から押してみると、その位置によって体の安定感がまるで違うことがわかる。左手の位置がいかに重要か、試して実感してみよう。

▲正しい位置にある左手を上から押すと、背すじや膝の裏（ひかがみ）が伸び、正しい姿勢がとれる

▲通常より高い位置にある左手を上から押すと、こぶしがグラグラし、腰も安定せず、体のバランスが崩れてしまう

【剣先の位置】

剣先が相手の両目の間か、左目を指すように

剣先がほぼ相手の喉の高さ

👆 ワンポイントアドバイス

» 剣先はほぼ喉の高さに

一足一刀の間合で構えたときには、剣先がほぼ相手の喉の高さになるのが目安。また、剣先の延長線上に、相手の目と目の間か、左目がくるように構えよう。

Extra

正しい構えが「気・剣・体」の一致につながる

「気・剣・体」の一致とは、剣道の規則で有効打突（一本）の条件となる要件や要素が揃った状態をさす。

「気」はかけ声や呼吸法などを含めた充実した気勢を示し、「剣」は竹刀操作や正確な刀法を、「体」は構えや体さばき、打突時の姿勢などを表す。この3つの要素が調和し、作用することで有効打突となる。

こうした3つの要素のベースとなるのが正しい構えだ。肩の力を抜き、下腹部に力が入った自然体をつくれるかがポイント。そのためには「遠山の目付」（遠くにある山の姿、全体を見るように）や、「紅葉の目付」（葉の一枚一枚ではなく、紅葉全体を見るように）で、相手の全体を見るようにする。

そうすると自然と肩の力が抜け、下腹部に力が入って左こぶしの位置が安定し、左手を中心とした冴えのある打突ができる。さらに腹式呼吸もできるので、整った呼吸で正しい打突ができる。

いっぽう、構えたときに目線が下がると、下腹部の力が抜けてしまう。目線が上がると顎も上がり、肩に力が入るので下腹部に力がみなぎらない。このような状態では打突に冴えがなくなり、呼吸も乱れがちになって打突の威力もなくなる。

構えの乱れが打突や呼吸を乱す原因になる

肩に力が入ると腹部の力が抜け、腹部に力を入れると自然に肩の力が抜ける。
こうした体のしくみを覚えて、理想的な構えをつくろう。

構えの乱れ

目線が上下すると
- 「遠山の目付」ができず、構えや姿勢がぎこちなくなる
- 下腹部の（丹田）の力が抜ける

打突や呼吸などの乱れ

左手（こぶし）が安定しない	腹式呼吸できない
打突に冴えがない	呼吸が整わない

打突が乱れる

27

竹刀の振り方の基本

正しい刃筋で竹刀を上下に振ることを覚える

ねらい

Menu **008** 上下振り

難易度 ★★☆☆☆

上達する能力
- 間合
- 打突の機会
- 体さばき
- ▶ 手の内の冴え
- 打突の強度

やり方

正しい構えから、大きく息を吸いながらゆっくり竹刀を振り上げる。
左こぶしが額の前あたりにきたら（動きを止めず）、
そのまま息を吐きながら竹刀を膝のやや下までゆっくり振り下ろす

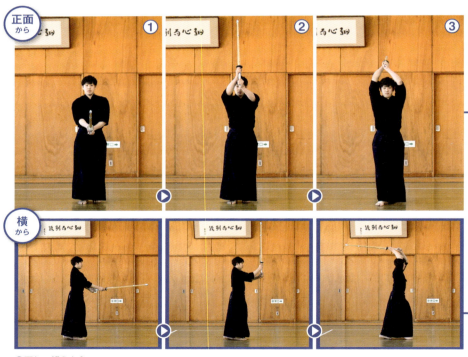

① 正しい構えから
② 息を吸いながら、ゆっくり竹刀を振り上げていく
③ 左こぶしが額の前あたりにきたら、動きを止めずに、そのまま振り下ろしていく

❓ なぜ必要？

呼吸と竹刀操作のつながりがわかる

息を吸いながら竹刀を振り上げ、息を吐きながら振り下ろす動きは、実戦でのスピーディな打突につながっていく。息を吸うと胸郭が広がり、腕がスムーズに大きく上げやすくなる。また、息を吐くと胸郭が狭まり、腕が振り下ろしやすくなる。上下振りは、こうした体のしくみを利用して速く、鋭い打突を身につけるために有意義な稽古なのだ。

❗ ポイント

左こぶしは正中線上を移動

上下振りでは、つねに左こぶしの握りを緩めず、正中線の上からもはずれないように意識しよう。竹刀を振り上げたときは、剣先を左こぶしよりも下げないように。振り下ろしたときは、右手が左手よりも低い位置になるようにしよう。

④〜⑤ 息を吐きながら、ゆっくり振り下ろす
⑥ 剣先が膝よりもやや低い位置にくるまで振り下ろす。振り下ろしたときに、左手よりも右手が低い位置にくるようにする

◀ 竹刀を振り下ろしたとき、左右の手の高さが同じ程度になりがちなので注意

竹刀の振り方の基本

相手を想定した素振りで、面打ちの感覚を身につける

Menu **009** 空間打突　正面打ち

難易度 ★★☆☆☆

上達する能力
▶ 間合
▶ 打突の機会
▶ 体さばき
▶ 手の内の冴え
▶ 打突の強度

やり方

相手がいると想定して、正面の部位を打突する。打つときは「メン〜」と大きく発声し、正面の位置で竹刀をしっかり止める

前から

②左手が正中線からはずれないようにして、前へ出ながら竹刀を振り上げる
③左こぶしが額の前あたりにきたら、竹刀を振り下ろしていく

ポイント

胸と背中を意識して竹刀を止める

正面打ちで意識したい点は、面の位置で竹刀をしっかり止めること。このとき、肩に力を入れるのではなく、胸と背中で止める意識をもとう。正面を打ったときの姿勢は、左手がみぞおちの高さ、右手は肩のやや下あたりにくる。また、つねに左こぶしは正中線上を移動させる。正しい姿勢から正確に打突することも意識したい。

ワンポイントアドバイス

≫ 打った後に背すじを伸ばす

打突した瞬間に、背すじを伸ばすと、自然に手の内が締まり、冴えのある打突になる。冴えとは有効打突の要素となる、打突のキレやスピードのこと。打突後、打突部位から竹刀が流れる（滑る）のを防ぐことにもなる。

剣先を前の壁に突き刺すイメージで竹刀を止める

④〜⑤ 正中線から左こぶしがはずれないように意識して、振り下ろす
⑥ 「メン〜」と大きな声を出し、正面の位置で竹刀を止める

竹刀の振り方の基本

Menu 009 空間打突　正面打ち

②腕の力ではなく、肩甲骨を使って竹刀を振り上げる
③左こぶしが額の前あたりにきたら、竹刀を振り下ろしていく

Arrange

みぞおちで相手の竹刀を割るつもりで前へ出る

正しい正面打ちをマスターする練習として、中段に構えた相手に向かって踏み出し、空間打突をする方法がある。みぞおち（水月）で相手の剣先を真正面から割るようなつもりで前へ出て、面の位置でしっかり竹刀を止める。これにより上体はそのままで、腰から前へ出る習慣がつき、腰の入った正しい打突姿勢が身につく。

◀みぞおちで真正面から相手の剣先を割るイメージで、正面を打つ

32

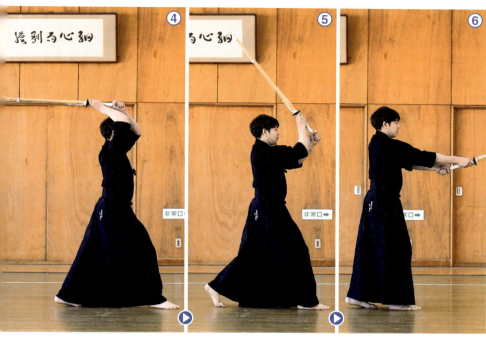

④〜⑤ 左手が正中線からはずれないように振り下ろす
⑥ 正面の位置でしっかり竹刀を止める

✗ ここに注意!

打突時の姿勢の乱れに注意

空間打突では、打突時にしっかり竹刀を止め、その際の姿勢をチェックしよう。よく見られるのが剣先が上を向き、竹刀が立ってしまうケース。これでは打突部位に竹刀が届かない。
また、背すじが伸びず、腰が引けたまま打突するようなケースも多い。こうした姿勢の乱れを正すためにも、前ページの「Arrange」で紹介した練習法が有効になる。

◀ 剣先が天井を向いて竹刀が立っているので、相手に打突が届かない

◀ 打突時に体が前傾し、腰が入っていない（腰が引けている）

竹刀の振り方の基本

手首をやわらかく使い、正確な手の返しをマスターする

ねらい

Menu 010　空間打突　左面・右面打ち

難易度 ★★☆☆☆

上達する能力
▶ 間合
▶ 打突の機会
▶ 体さばき
▶ 手の内の冴え
▶ 打突の強弱

やり方

左右の面打ちは、正面打ちと同じ要領で竹刀を振り上げた後、手首を返してから斜め45度の角度で振り下ろし、左右の面の位置でしっかり竹刀を止める

？ なぜ必要？

斜めに振り下ろす左右面の刃筋を覚える

正面打ちの正しい刃筋は真下を向いているが、左右の面打ちの正しい刃筋は、斜め45度を向いている。こうした斜めへの振り下ろしは、手を返して打突しなくてはならない。正面打ちと異なる手の内の使い方をマスターするため、手を返す動き、斜めへ振り下ろす動きなどを覚えよう。

① ～③ 左こぶしが正中線の上を移動するように意識する
④ 左こぶしが額の前あたりにきたら、手をやわらく返す
⑤ 手を返した後、斜め45度の角度で竹刀を振り下ろす
⑥ 「メン～」と大きく発声し、左面または右面の位置で竹刀をしっかり止める

※手を返すとは／手だけではなく、肘から先を意識して返すこと

【左面打ち】

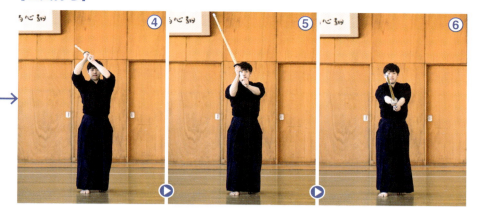

⚠ ポイント
手首をやわらかく返し斜め45度に振り下ろす

竹刀を振り上げた後、左面は右へ、右面は左へ手を返してから、斜めに竹刀を振り下ろしていく。やわらかい動きで、スムーズに手首を返すことと、斜め45度の正しい刃筋になっていることをとくに意識して行いたい。

❌ ここに注意！
斜めの振り下ろしでも左こぶしは正中線の上に

正面打ちと同じように、左こぶしはいつも正中線の上を移動させる。左こぶしの位置が乱れると、打突の正確さ、冴え、速さなども乱れることになる。

▶ 正中線から左こぶしがはずれている。つねに左こぶしが正中線上にないと、正確で有効な打突はできない

【右面打ち】

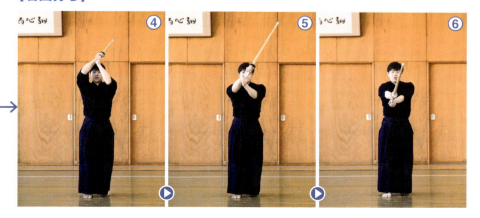

竹刀の振り方の基本
小手打ちの竹刀の軌道、正しい目付けを覚える

ねらい

Menu 011　空間打突　小手打ち

難易度 ★★★★★

上達する能力
- ▶ 間合
- ▶ 打突の機会
- ▶ 体さばき
- ▶ 手の内の冴え
- ▶ 打突の強度

やり方

空間打突の小手打ちは、左こぶしの下から相手の小手が見える高さまで振りかぶり、まっすぐ上から下へ振り下ろし、床と平行になる位置で竹刀を止める

① ～ ②　中段の構えから、まっすぐに振りかぶる
③　左こぶしの下から相手の小手が見えたところで、前へ出ながら振り下ろしていく
④　想定した相手の竹刀に沿わせるように、真上から真下への軌道で振り下ろす
⑤　大きく発声しながら、小手の位置で竹刀を止める。床と竹刀が平行になるのが目安

ワンポイントアドバイス

» **面よりも小さな振りかぶり**

小手打ちは、想定した相手の小手が見える位置まで振りかぶり、振り下ろす。面打ちに比べて、小さな振りかぶりから打突することになる。

36

ポイント
真上から真下へ振り下ろす

小手打ちで目立つのが、横から小手に当てるように打突するケース。これでは小手打ちの正しい刃筋にはならない。真上から真下への軌道になるよう、想定した相手の竹刀と平行に振り下ろそう。

ここに注意!
小手を見て打たない!

相手の小手を見て打突すると、相手に小手を打つことがわかり、防御されたり、応じられてしまう。まっすぐ相手の目を見ながら打つ習慣をつけよう。

▲小手打ちは相手（の目）を見ながら。小手を見て打つと相手に防御され、姿勢も崩れるので正しい打突ができない

竹刀の振り方の基本
手の返し方と胴打ちの正しい刃筋を覚える
ねらい

Menu 012　空間打突　胴打ち

難易度 ★★★★★★

上達する能力
▶ 間合
▶ 打突の機会
▶ 体さばき
▶ 手の内の冴え
▶ 打突の強度

やり方

1. 左こぶしが額の前へくるまで竹刀を振りかぶり
2. 左へ手を返して、斜め45度の角度で竹刀を振り下ろす
3. 胴の高さで床と平行になるように竹刀を止める

▲胴打ちは手を返して、手の内を斜め45度にする

①〜②　中段の構えから、まっすぐに振りかぶっていく
③〜⑤　左こぶしが額の前あたりにきたら、手を返し、
　　　　右足を前へ出しながら斜め45度の角度に竹刀を振り下ろす
⑥　　　大きく発声しながら、胴の高さで、床と平行になるように竹刀をしっかり止める

!ポイント

弦が斜め上を向くのが胴打ちの正しい刃筋

竹刀の刃部で正しく胴の打突部位を打突すると、竹刀の弦が斜め上を向く。これが正しい胴打ちの刃筋となる。そのためには左右の面打ちと同じように、手を返して斜め45度の角度で竹刀を振り下ろす。

✗ ここに注意！

斜め下から斜め上へ打つと打突部位をとらえにくい

胴打ちでよく見られる横や下から（写真Ⓐ）打突するケース。これでは正しい刃筋にならず（刃筋が立たず）、有効打突にはならない。横から打つと、胴の打突部位からもはずれやすくなる。また、胴打ちでも左こぶしは正中線の上を移動させる。この位置がずれる（写真Ⓑ）と一本になりにくい。

▲刀部でしっかりと打突部位をとらえる

39

基本の動作

息を吐きながら声を出し打突に勢いをつける
（ねらい）

Menu **013** かけ声

❓ なぜ必要？

短く、早く息を吐きながら発声する

打突しようとする部位を「メン～」などと大きな声で呼称するかけ声は、審判などへのアピールばかりではなく、打突の勢いに関係する大切なポイントとなる。かけ声の吐く息の勢いを利用すれば、腕が素早く振り下ろせ、打ちが鋭く、速くなるからだ。陸上競技の円盤投げと同じように、大きな声を腹から出すことで、大きな力を引き出すことができる。声を出すときは「短く、早く」息を吐くことで勢いが生まれる。面打ちの場合は「メン～」と発声しよう。「メ〜ン」では息がゆっくり抜けていくので、腕の振り下ろしにも勢いがつかない。胴打ちや小手打ちにも同じことがいえる。

▲かけ声の基本は、打突しようとする部位を大きな声で呼称すること。
最近の試合では、あいまいな言葉を発声し、はっきりと打突部位を呼称しないケースもみられるので注意しよう

基本の感覚

一足一刀の間合を基本に相手との距離感を覚える

Menu 014 間合

難易度 ★★☆☆☆

上達する能力
▶ 間合
▶ 打突の機会
▶ 巧さばき
▶ 手の内の冴え
▶ 打突の強度

❓ なぜ必要？

自分に有利な間合をみつける

剣道では相手との距離を「間合」と呼ぶ。基本となるのは「一足一刀の間合」で、一歩踏み込めば相手に竹刀が届く距離。踏み込んでも相手に竹刀が届かない距離は「遠い間合」と呼び、相手から打たれることはないが、こちらが相手を打つこともできない。
そのままの位置で手を伸ばせば、相手に竹刀が届く距離は「近い間合」になる。相手を打ちやすい距離だが、相手からも打たれやすくなる。
こうした間合のもつ意味合いを理解し、自分にとって打ちやすく、相手からは打ちにくい間合を、稽古の中でみつけていこう。

❗ ポイント

踏み込んで打てる距離をだんだん遠くしていく

理想の間合は、相手からはこちらが遠く感じ、自分からは相手を近く感じられる距離になる。
こうした有利な間合を身につけるには、一足一刀の間合をしっかり体に覚えこませた上で、踏み込んで相手を打突できる距離を少しづつ遠くしていく稽古をしよう。
相手が「まだ打ってくる間合ではない」と思うような距離から打ち込めれば、試合ではこちらが主導権を握ることができる。

【一足一刀の間合】

▲これが基本となる間合。稽古ではつねにこの間合から相手を打つようにして、その距離感を体に覚えこませよう。お互いの剣先から約10cmほどの部分が交わる形になる

【遠い間合】

▲一歩踏み込んでも、相手に竹刀が届かない距離。相手から打たれる可能性は低いが、こちらからも相手を打つことができない

【近い間合】

▲そのまま腕を伸ばせば相手を打てる距離。逆に相手からも打たれやすい危険な間合

41

column
剣道着、剣道具の着装
体に合ったものを正しく着装すれば動きやすい

剣道着や剣道具を正しく着装することは、剣士としてのマナーであり、稽古や試合での動きやすさにも通じる。ここでは着装の大まかなポイントと、とくに注意したい点を紹介する。

【着装のチェックポイント】
剣道着や袴は汚れや破れのないものを、剣道具は自分の体に合った大きさのものを選ぶ。とくに面は、物見から相手が見られるかを確認する。

Check1 突き垂と面ぶとんの間に大きなすき間をつくらない

Check2 胴紐は左右対称に結ぶ

Check3 胴は左右の傾き、着ける高さに注意。胴胸を胸にぴったり合わせる

Check4 物見を目の高さに合わせる。面金の上から6〜7本目の間隔がやや広くなっている部分が物見。ここから相手を見る

ここが物見

column 剣道着、剣道具の着装

【とくに注意したい着装】

近年、動きやすさや扱いやすさを追求するため、剣道具や竹刀の軽量化・形状の加工などが多く見られる。その一部に関しては、競技の公平性や安全性を損なう懸念もされている。

このため2018年4月から1年間の試行期間をとり、剣道着、剣道具に関するルール改正の検討が行われる。多くの意見を聞き、必要性があれば、2019年4月から正式な規則として取り入れる。そのおもなポイントを紹介する。

注意1
剣道着の袖の長さ

剣道着の袖の長さは、肘関節を保護する長さのあるものを使う。これは構えたときに、肘関節が隠れる長さをさす。近年は袖を短くする選手が目立つので注意。

注意2
小手の長さ、えぐりの深さ

小手は、肘から手首の間の2分の1以上を保護する長さのものを使う。さらに、小手の頭部および小手ふとん部は、打突の衝撃緩衝能力があるものを使う。近年は短い小手を使う傾向が見られる。

また、小手のふとん部のえぐり（クリ）の深さは、小手ふとん最長部との長さの差が2.5センチメートル以内にしなければならない。

えぐり（クリ）

注意3
面ふとんの長さ

面ふとん部は、肩関節を保護する長さがあり、打突の衝撃緩衝能力があるものを使う。近年は短いもので軽量化をはかる傾向がある。

第2章
基本技術

本章では打突動作の基本を説明する。
正しく相手の打突部位を
打突する技術を身につけよう。

対人技能の基本

正確に面の打突部位を正しい姿勢で打突する

Menu 015 基本の面打ち

難易度 ★★★★★

上達する能力
- ▶ 間合
- ▶ 打突の機会
- ▶ 体さばき
- ▶ 手の内の冴え
- ▶ 打突の強度

やり方

近い間合から、大きく振りかぶって前へ踏み込み、相手の正面を打突する。
正確に打突部位を打突することに意識を集中させよう

① 遠い間合から打ち間に入り、左こぶしの下から相手の体全体が見える位置まで大きく振りかぶる
②〜③ 前へ踏み込みながら竹刀を振り下ろし、相手の面を打突する
④ まっすぐに通り抜け残心をとる

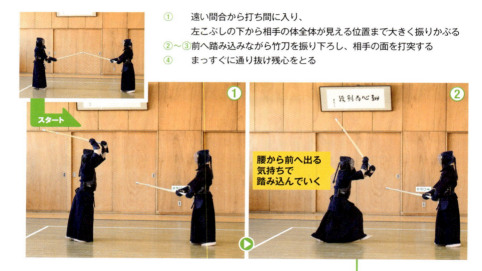

腰から前へ出る気持ちで踏み込んでいく

踏み込んだ足が床につくのと、竹刀が面に当たるタイミングが同時になれば理想的

! ポイント

手と足を同時に動かす

基本の面打ちでは、手と足の動きが同時になるように意識しよう。目安として、踏み込んだ足が床につく音と、竹刀が面を打つ音がひとつに聞こえれば理想的だ。また、ここではスピードよりも、正確に面の打突部位を打突することに集中したい。動きに慣れてきたら、右足をわずかに踏み出しながら振りかぶるようにしよう。こうすることで、より速い動きで面が打てるようになる。

✕ ここに注意！

手や腕から先に打とうとしない

面打ちでよく見られるのが、手や腕だけで先に打とうとするケース。この意識が強いと、腰が引けた「手打ち」と呼ばれる打ち方になる。踏み込むときは腰から前へ進むイメージをもてば、腰の入った、強い面打ちができる。また、打突時に剣先が前方の壁を指すようにすると、手の内が冴えた、キレのある打突になる。

▲手だけで打とうとして、腰が引けている。これでは強い打突にならない

▲打突時に剣先が天井を向いていると、手の内が締まらず、冴えのない打突になる

👆 ワンポイントアドバイス

≫ 踏み込んだ足のかかとを上げ、左足の引きつけをスムーズに

面打ちに限らず、打突後に素早く左足を引きつけることができれば、残心や打突後の相手への対応も早くなる。そこで、打突時に踏み込んだ右足の力を抜くようにして、スッとかかとを浮かせてみよう。こうするとスムーズに、左足を引きつけることができる。

②右足を低く上げて踏み込む。足の裏が床と平行になる意識で
③踏み込んだ右足の力を抜くように、かかとをわずかに浮かす
④左足が自然に引きつけられる

対人技能の基本

相手の目を見ながら刃筋正しく小手を打突する

ねらい

Menu 016 基本の小手打ち

難易度 ★★★★★

上達する能力
▶ 間合
▶ 日本の握り
▶ 体さばき
▶ 手の内の冴え
▶ 打突の強度

やり方

左こぶしの下から相手の小手が見える位置まで振りかぶり、相手の目を見ながら小手を打つ。
打突後は右こぶし同士をぶつけるようにして相手に当たる

① 遠い間合から一足一刀の間合に入る
② 左こぶしの下から、相手の小手が見えるところまで振りかぶる
③ まっすぐ相手の目を見ながら、真上から真下に振り下ろして小手を打突する
④ 右こぶしを相手の右こぶしにぶつけるつもりで、間合を詰める

✗ ここに注意！

手先だけで打たない

打突部位の中で最も自分から近い位置にある小手は、どうしても手だけを伸ばして打つような「手打ち」になりやすい。前ページの面打ちでも紹介したように、「手打ち」では腰が引け、姿勢が崩れてしまうので注意しよう。

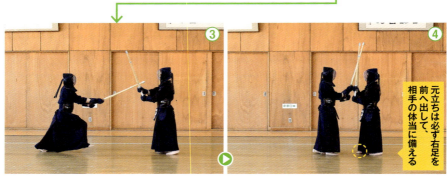

元立ちは必ず右足を前へ出して、相手の体当たりに備える

Arrange

残心のバリエーション

小手打ちの残心は、打突後の状況や相手との位置関係で「相手にぶつかる（左ページ参照）」「相手の前で止まる」「相手の横を抜ける」といったパターンが考えられる。稽古のときから、どのケースにも対応できるようにしておこう。

【相手の前で止まる】

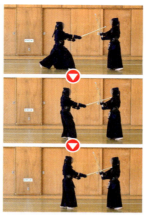

▲剣先を相手に向けたまま止まる

【相手の横を抜ける】

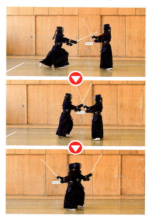

▲打突した勢いを利用して、相手の横を通り抜ける

ここに注意！

相手の小手を見ると打突姿勢が崩れる

小手打ちは相手の小手を見ながら打突しがち。空間打突の小手打ち（P36～参照）でも紹介したように、これでは打突姿勢が前傾し正しく打突できない。また、相手に小手を打つことがわかり、防御や応じの機会を与えることにもなる。

もうひとつありがちなのが、横から小手に当てるような打突のしかた。これでは姿勢も崩れ、正しい刃筋、正しい打突にならない。小手打ちは相手の竹刀と平行に、真上から真下へ振り下ろす軌道で打突しよう。

▲小手を見て打突すると姿勢が乱れ、相手にも小手打ちを気づかれる

▲横から小手を打つと姿勢が崩れ、刃筋正しく打突できない

対人打突の基本
相手の前で刃筋正しく胴を打つ

Menu **017** 基本の胴打ち

難易度 ★★☆☆☆

上達する能力
- ▶ 間合
- ▶ 打突の機会
- ▶ 体さばき
- ▶ 手の内の冴え

やり方

面打ちと同じように振りかぶり、面を防ごうと手元の上がった相手のあいた胴部を打突する。手を返して、斜め45度の角度で刃筋正しく振り下ろす

① 遠い間合から一足一刀の間合に入り、面打ちと同じように振りかぶる
②〜③ 面打ちを防ごうと相手が手元を上げたところを、踏み込んで胴を打突する
④ 相手から目を離さないようにしながら横を通り抜け、残心をとる

ポイント
胴を打突した瞬間は右手の甲が斜め上を向く

胴打ちは手を返し、斜め45度の軌道で竹刀を振り下ろす。竹刀が胴に当たったとき、手の甲が斜め上を向いていれば、「正しい刃筋」で打突した目安となる。手を返さずに打つと、弦が上を向いた平打ち（竹刀の側面で打つこと）となり、正しい刃筋にならない。

ワンポイントアドバイス
≫ 相手の前で打つ。横で打たない！

胴打ちは相手の懐に飛び込むつもりで、相手の前で打たないと、正しく右胴部を打突できない。相手の横から打とうとすると、間合が近くなりすぎ、打突姿勢が崩れたり、元打ちにもなりやすい。
※元打ち／竹刀の中結から鍔元までの刃部が元打。この部分で打突することを元打ちといい、有効打突にはならない

ここに注意！
胴打ちは打突姿勢が崩れがち

右胴は体の側部にある打突部位なので、どうしても竹刀を当てにいくような打ち方が多くなる。これでは打突姿勢が崩れ、正しい刃筋にもならない。

相手の目を見ながら、相手の前でしっかり打ち切ることを意識しよう。下の写真は、よく見られる悪い打ち方。自分の打突と照らし合わせてみよう。

▲相手から目が離れると、正しく打突部位をとらえることができない

▲片手を離して打つ片手打ちでは、正しく強い打突はできない

▲下から上に振り上げて胴に当てても、正しい刃筋にはならない

▲腰が引けた崩れた姿勢では、胴に当てるだけの打ち方になる

対人技能の基本
正確な竹刀コントロールと、強い気勢をもって突く

Menu **018** 基本の突き

難易度 ★★★★☆

上達する能力
▶ 眼力
▶ 攻撃の機会
▶ 体さばき
▶ 手の内の冴え
▶ 打突の強度

やり方

剣先で相手を攻め、相手の剣先が開いたり、下がったりしたところを、
すかさず前へ踏み込みながらまっすぐに突く。
突いた後はすぐに手元を引き、中段の構えをとって残心を示す

①〜② 遠い間合から一足一刀の間合に入る
③〜④ 剣先で相手を攻めて中心をとり、相手の剣先が開いたところを踏み込む
⑤   両手を内側に絞るようにしながら、まっすぐに突き部を突く
⑥〜⑧ 突いた後はすぐに手元を引き、中段の構えになり、残心をとる

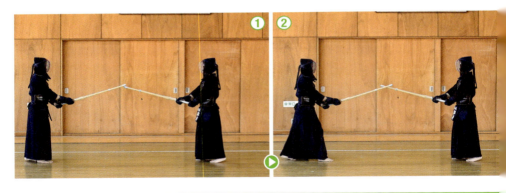

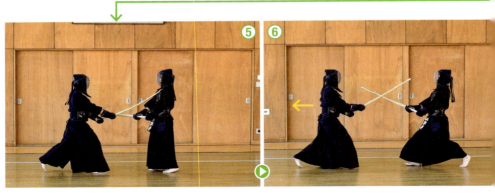

52

 両手を内側へ絞りながら突く

突きの打突部位は小さいので、より正確な竹刀コントロールが必要になる。そのためには両手をやや内側へ絞りながら突くと、竹刀操作がしやすくなり、正確に突ける。腕で突く意識が強くなりがちだが、体全体で前へ踏み込み、十分に腰を入れて、全身で突くイメージをもとう。

❌ ここに注意！

手だけで突くと腰が引ける

突きの悪い打突姿勢でよく見かけるのが、腕だけを前へ伸ばして突く形。腰が引けるので、正確さや強さに欠ける。また、突き部をねらって上から下へ突くようなケースも多い。これでは手元が上がり、左こぶしも正中線からはずれるので、正確な竹刀操作ができない。突きでも左こぶしはつねに、正中線上に置くことを意識しよう。

◀ 手や腕だけで突こうとすると腰が引けた姿勢になり、威力のない突きになる

◀ 上から突くと脇があき、左こぶしも正中線からずれるので、正確な突きができない

❸ ❹ 体全体で前へ踏み込むつもりで

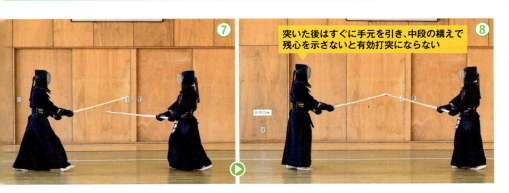

❼ ❽ 突いた後はすぐに手元を引き、中段の構えで残心を示さないと有効打突にならない

基本の技術

相手の体勢を崩す、効果的な体当たりを覚える

ねらい

Menu 019 体当たり

難易度 ★★★☆☆

上達する能力
- ▶ 体さばき
- ▶ 手の内の冴え
- ▶ 打突の強度

やり方

打突した勢いのまま前へ進み、手元を下げて、腰から相手に当たっていく

①〜② 大きく振りかぶり、打っていく
③〜④ 手元を下げて、打突した勢いのまま相手に当たっていく

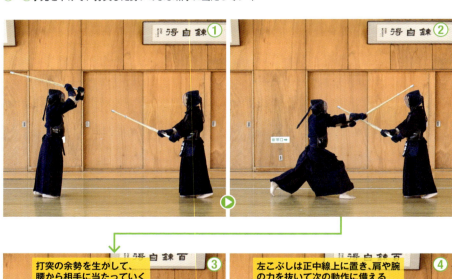

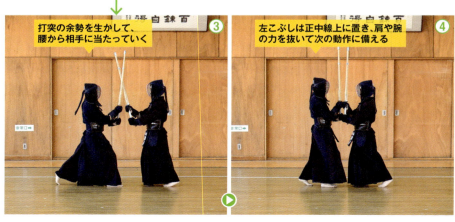

打突の余勢を生かして、腰から相手に当たっていく ③

左こぶしは正中線上に置き、肩や腕の力を抜いて次の動作に備える ④

ポイント 手元を下げて、腰から当たる

体当たりは、相手の体勢を崩す手段のひとつ。姿勢が乱れて隙のできた相手を、攻めていく機会にもなる。また、攻めようとする相手の気持ちを弱めるような効果もある。大切なのは、打突で前へ出た勢いを殺さないこと。より強い衝撃を与えることが、相手の体勢やバランスを崩すことにつながる。そのためには手元を下げて、腰から相手に当たること。こうすることで力が集中し、効果的に圧力がかけられる。腕で押そうとせず、体ごと前へ出て、腰で当たる意識をもとう。

ポイント 当たる瞬間に腕と肩の力を抜く

相手に体を当てる瞬間は、腕と肩の力を抜き、すぐに次の動作がとれるよう体勢にしておくことも大切。当たった直後でも技が出せるよう、柔軟な身構え、気構えをもちたい。さらに、左こぶしを正中線上に置いて当たることも、すぐに打突ができる備えになっている。

✕ ここに注意！

効率の悪い当たり方

体当たりは、ただ力まかせに相手を押そうとしても、うまく力が伝わらなかったり、逆に自分の体勢を崩してしまうこともある。「腰で当たり、押す」という意識を徹底させよう。
効率の悪い当たりでよく目にするのが、手元の上がった体当たり。腕だけで押すことになるので、圧力がうまく伝わらず、力も分散してしまう。
また、頭から相手に当たっていくような形は、相手をうまく押すことができず、打突の勢いもそがれてしまう。さらに、重大なケガにつながる可能性もあるので、稽古や試合では絶対に行わないようにしよう。

▲手元を上げた体当たりでは、圧力が伝わりにくく、相手の体勢を崩せない

▲頭から突っ込むような体当たりは危険。相手を効果的に崩すこともできない

基本の技術
鍔と鍔を合わせる
正しいつばぜり合いを覚える

Menu 020 つばぜり合い

難易度 ★★☆☆☆

上達する能力
- ▶ 間合
- ▶ 打突の機会
- ▶ 体さばき
- ▶ 竹刀の扱い方
- ▶ 打突の精度

❓ なぜ必要？

つばぜり合いの正しい形を再確認

近年、試合中すぐにつばぜり合いとなり、試合の流れが止まってしまう状況が多い。つばぜり合いを相手に打たれない安全な間合や、一時の休憩と考えているのかもしれない。しかし、本来つばぜり合いは、お互いの体が接近する危険な間合。安易につばぜり合いを繰り返すような戦い方はあら

ためよう。
また、試合では正しい形が崩れたまま、あるいは反則ぎりぎりのつばぜり合いを続けているケースも目にする。こうした悪い傾向を正すためにも、もう一度、正しいつばぜり合いの形や、関連する反則行為を確認しておこう。

【正しいつばぜり合いの形をつくる】

▼遠い間合から、剣先で相手の突き垂をさすようにして、お互いが前へ出ていく。
鍔と鍔が合わさる位置まで間合を詰めると、それが正しいつばぜり合いの形になる

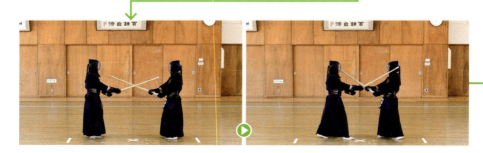

❌ ここに注意！

故意に続けると反則になることも

形の崩れたつばぜり合いの中には、故意に続けると「不当なつばぜり合い」として、反則とみなされるものもある。つねに正しい形で行うように心がけたい。

◀故意に相手の肩に竹刀をかけた状態で、つばぜり合いを続けると反則になる

◀正しい竹刀の交差とは逆の形になる「裏交差」を、意図的に長く続けたり、何度も繰り返すと反則になる

◀写真左の人が、相手の竹刀にこぶしをのせている。こうした状態を長く続ければ反則になる

▲鍔ではなく、こぶしとこぶしを合わせている。手元の位置も高く、つばぜり合いの形が崩れている

❗ ポイント

左こぶしは中段の構えとほぼ同じ位置に

つばぜり合いでは、左こぶしを中段に構えたときとほぼ同じ位置に置く。正中線から大きくはずれてしまうと、腰にうまく力が入らず、相手の力に負けてしまう。また、相手と背くらべをするつもりで背すじを伸ばすと、腰がどっしりと安定する。

正しいつばぜり合いの形

▲拳（こぶし）ではなく、鍔と鍔を合わせるのが正しいつばぜり合いの形

57

基本の技術

正確に、大きく、速く、鋭く打突するための肩をつくる

ねらい

Menu **021** 切り返し

難易度 ★★★

上達する能力
▶ 間合
▶ 打突の機会
▶ 体さばき
▶ 手の内の冴え
▶ 打突の強度

やり方

一足一刀の間合から正面を打ち、そのまま前へ進みながら左右の面を交互に4回打つ。
次に下がりながら左右の面を5回打ち、最後は大きく正面を打って終わる。
元立ちは歩み足で前後へ移動する

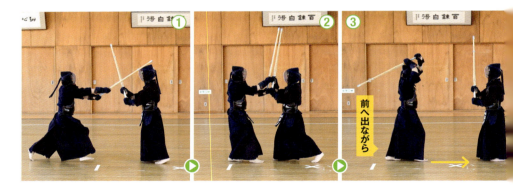

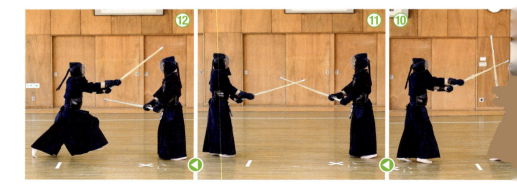

58

? なぜ必要？

剣道に必要な要素がたくさん含まれる稽古

切り返しには、剣道の上達に必要不可欠な、以下のような要素を鍛錬する意味がある。
- 足さばき
- 肩の使い方
- 手の返し
- 手の内の使い方
- 間合
- 呼吸法

● 上肢と下肢のバランス
剣道の基本がすべて詰まっている、といわれるほど大切な稽古でもある。滑らかな足さばき、大きく肩を使った打突、打突時に手の内を締めるなど、ひとつひとつの動作を意識しながら行いたい。

① 大きな声で「メン～」と呼称しながら正面を打つ
②～⑥ 送り足で前へ出ながら、かけ声をかけながら左右の面を交互に4回打つ。
　ここから前後へ移動する合計9回の面打ちを、できるだけひと息で、打突部位を呼称しながら行う

⑦～⑩ 前へ出ながらの面打ちが終わったら、次は下がりながら同じ要領で5回の左右の面打ちを交互に行う
⑪～⑫ 下がりながらの面打ちが終わったら、一足一刀の間合に戻り、大きく正面を打つ。
　この後、もう1度②～⑫の手順を繰り返して1セットの終了

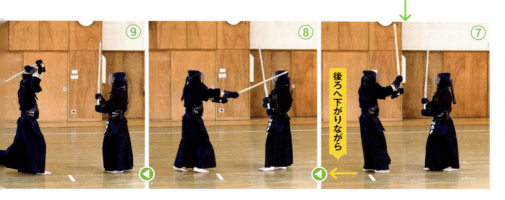

後ろへ下がりながら

P60へ続く

基本の技術

Menu 021 切り返し

ポイント
大きな切り返しにより打突の正確さ、速さ、キレを身につける

切り返しを効果的な稽古にするポイントは以下の2点。まず、手首をやわらかく、肩を大きく使って切り返すこと。これが打突の正確さ、速さ、キレに必要な「剣道の肩」をつくることになる。もうひとつは、打突の瞬間に手首と前腕（手首から肘の間）の力を抜き、手の内を締めること。この点を意識すると手の内が冴え、鋭く速い打突が身につく。

◀手首が伸びて力が抜け、肩の力も抜けた打突は、手の内の冴えにつながる

◀手首や肩に力が入ると剣先が立ち、打突の正確さや速さが失われる

【面受けの切り返しの打突部位】

弦が斜め上を向いた正しい刃筋で、左右の面の打突部位を正確に打突する。

左面

右面

【竹刀受けの切り返しの打突部位】

左右の面の打突部位を竹刀の上から打つ。竹刀を打つのではなく、面を打突する意識で打とう。

左面

右面

ポイント
正しい刃筋で正確に左右の面を打つ

左右の面を打突するときは、しっかり手を返すことも大切。これにより弦が斜め上を向いた、正しい左右の面の刃筋になる。また、正確に竹刀をコントロールして、打突部位を打つことも意識しよう。左右の面を直接打つ「面受け」の切り返しで、正確に左右の面を打てるようになった後は、元立ち（稽古をつける側）が竹刀で面打ちを受ける「竹刀受け」の切り返しを行いたい。やり方は「面受け」の場合と同じ要領。

❌ ここに注意！

竹刀受けは打突する場所が高くなりがち

竹刀受けの切り返しでは、左右の面の打突部位よりも、高い場所を打つ傾向が多い。ただ竹刀を打つのではなく、しっかりと左面、右面を打突する意識をもとう。

👆 ワンポイントアドバイス

≫ 元立ちは脇を締めて、左こぶしを山なりに移動

竹刀受けの切り返しで、元立ちは脇を締め、左こぶしで小さな山を描くように竹刀を左右へ移動させる。左こぶしを体の幅より外側へ出さないことがポイント。ただ打突を受けるのではなく、いつでも面を打ち返す意識をもって行うことが元立ちにとっても応じ技へつながる稽古になる。

▲脇を軽く締めて竹刀をまっすぐに立て、相手の打ちを引き入れる気持ちで。
竹刀の移動は、左こぶしで小さな山なりの軌跡を描くイメージで動かし、
左右の面の打突部位の前で止める。このとき、体の幅よりも左こぶしを外側へ出さないようにする

基本の技術

打突後は相手への気構え、身構えを素早く示す習慣をつける

Menu 022　残心（ざんしん）

難易度 ★★☆☆☆

▶ 間合

上達する能力

やり方

打突した勢いのまま相手の横を抜け、相手から離れた位置まで進んだところで、相手のいる側に体を向けながら回転し、素早く相手と正対する。さらに一歩前へ出て、相手を攻める

① ～ ③ 一足一刀の間合から踏み込んで面を打つ
④ 　　素早く相手の横を抜ける
⑤ ～ ⑥ 相手と離れた位置まで進んだら、方向を変える足さばき（P20～参照）を使い、相手のいる側へ体を向けてターンし、素早く相手と向き合い構える
⑦ ～ ⑧ すかさず一歩前へ出て、相手を攻める

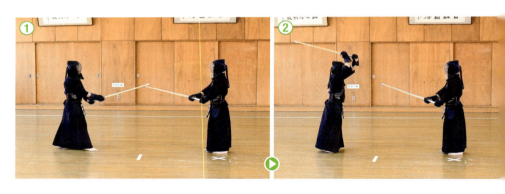

❓ なぜ必要？

残心を示さないと
有効打突にならない

残心とは、打突した後も油断せずに、自分の気持ちと体勢を相手に向けること。つねに相手への身構え、気構えを示すことだ。有効打突の条件のひとつにもなっているので、たとえ正確な打突をしても、残心をとらなければ一本にはならない。打突後は必ず残心を示すことを習慣づければ、身構えや気構えも自然と培われる。

❗ ポイント

横を抜けた後も、
相手から目を離さない

残心で大切なのは、つねに相手を見ながら移動して、素早く相手から遠く離れること。体を回転して方向を変えるときも、相手に背を向けず、必ず相手のいる側に体の正面を向けて回転する。相手から目を離すと、次の相手の動きにすぐ対応できないうえ、相手から逆に攻撃されやすくなる。

column

礼法と所作
稽古場でも試合場でも礼法を重んじる

稽古や試合を通じての人間形成が剣道の目的。
剣道の品格を高める上からも礼法をおろそかにせず、
しっかりと身につけ実践しなければならない。

【立礼】りつれい

稽古相手や試合の相手に、立った姿勢で行う礼法。
状況に応じて「相互の礼」か「神前・正面・上座への礼」を行う。
背すじを伸ばして立ち、相互の礼は約15度、神前・正面・上座への礼は約30度の角度で礼をする。

【相互の礼】そうご

立ち会いの礼法で用いられる。相手から視線をはずさずに、腰から上体を約15度曲げて礼をする。

【神前・正面・上座への礼】しんぜん・しょうめん・かみざ

神前や試合場の上座に対して行う礼。深く頭を下げ、腰から上体を約30度曲げる。相互の礼とともに、首だけを曲げたり、膝を曲げて行わないように注意する。

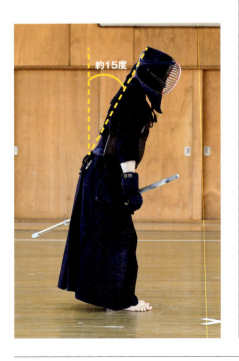

約15度

約30度

【座礼】

座礼は稽古の前後などに、正座の姿勢で行う礼法。
正座の姿勢から相手に注目し、両手を同時に床につき、腰からゆっくり体を前へ倒していく。

> **! ポイント**
>
> ### 両手でつくった三角形に鼻を入れるつもりで
>
> 床に手をつくときは、両手の親指と人さし指で三角形をつくるようにする。礼をするときは、この三角形の中へ鼻を入れるつもりで頭を下げると、きれいな座礼になる。

◀ 正座の姿勢。背すじを伸ばし、両手を太ももの上へ置く。両膝の間隔はこぶし2つ分ほど開ける

◀ 膝の前で、両手を同時に床につく

> **👆 ワンポイントアドバイス**
>
> ### ≫ 背中と床を平行にする
>
> 座礼の姿勢を横から見ると、背中と床がほぼ平行になるくらいまで頭を下げる。このとき背中が丸まったり、尻が上がりすぎると見苦しくなるので注意。

横から

◀ なるべく背すじを伸ばしたまま、ゆっくりと腰から体を折り、両肘を床につけるようにして体を倒していく

column 礼法と所作

【剣道具の持ち方・置き方】

試合場への入場など、剣道具を持って移動する場合も多い。左手で竹刀を持ち、右手で抱えるように、小手を中に入れた面を持つ姿勢が基本。剣道具の置き方は、竹刀を自分の左に、面と小手を右斜め前に置く。試合場での待機などで用いる場合が多い。

【剣道具の持ち方】

 ワンポイントアドバイス

» **面は打突部位を後ろへ**

面は打突部位が後ろへ向くようにして脇へ抱える。打突部位を前へ向けている人もいるので注意。面の中に入れた小手が、前から見える形が正しい。

【剣道具の置き方】

前から

横から

ワンポイントアドバイス

» **鍔を膝頭の位置に合わせる**

竹刀は体と平行に置き、鍔と膝頭が横に並ぶようにする。剣道具は右斜め前へ。小手は小手頭を右に向けて置き、その上に面を置く。

第3章
仕かけ技・応じ技

本章では対人的技能を磨いていく。
相手の動きに対応して、打つべき機会に
素早く正しく打突できるようになろう。

仕かけ技　実戦での打突のしかた

一本がとれる！正確で速い面打ちをマスターする

ねらい

難易度 ★★★

上達する能力
▶ 間合
▶ 体さばき
▶ 手の内の冴え
▶ 打突の強度

Menu 023　実戦での面打ち

やり方

遠い間合から一足一刀の間合に入り、相手の竹刀に触れながら中心をとる。
相手の剣先が自分の中心からはずれた瞬間、小さく振りかぶりながら踏み込み、面を打突する。
そのまままっすぐに進んで残心をとる

① 　一足一刀の間合から、相手の竹刀に触れて中心をとる
②〜③ 相手の剣先が中心からはずれた瞬間、
　　　小さな振りかぶりから面を打っていく
④ 　打突の勢いで前へ進み、残心をとる

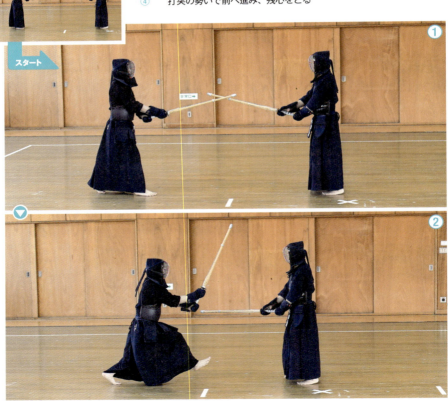

68

❓ なぜ必要?

正しく面が打てれば ほかの技は自然に身につく

「剣道は面に始まり面に終わる」と言われるほど、面打ちは剣道の技のなかで基本となる技。試合でも審査でも、一本がきまる率も一番高い。面を中心に攻めることで、ほかの部位に隙ができやすくなり、戦術的にも重要な技といえる。古くから「面が打てれば、ほかの技は自然と身につく」と言われるように、実戦で使う小さな面打ちの手の内を覚えることで、ほかの技の手の内も自然にマスターできる。

❗ ポイント

脇を締めて、腕を伸ばし 腰を入れて打つ!

試合では「素早く打とう」とあせって、手先だけの打突になるケースが多い。手や腕だけを使った打突は、正確さや強さに欠けた打突になる。しっかりと前へ踏み込み、打突の瞬間は
- 脇を締める
- 腕を自然に伸ばす
- 腰を入れて打つ

という3つのポイントを意識すれば、一本がとれる面打ちになる。

※仕かけ技／こちらから先に技を仕かけていく形の技の総称

👆 ワンポイントアドバイス

≫ 肩・肘・手首の 順番で動かす

試合では小さな振りかぶりから、素早く面を打たなければ一本がとれない。そのため、肩が上がり、肘が上がり、最後に手首を使って打つ。肩、肘、手首の順番で力を抜き、各部がスムーズに動くようにしよう。

仕かけ技　実戦での打突のしかた

一本がとれる！素早い小手打ちをマスターする

ねらい

Menu 024　実戦での小手打ち

難易度 ★★★

上達する能力
▶ 体さばき
▶ 手の内の冴え
▶ 打突の強度

やり方

遠い間合から一足一刀の間合に入り、剣先で相手の中心をとる。
相手が中心をとられるのを嫌って、こちらの剣先を押し返すか、
手元が上がった瞬間に、右足を前へ踏み出しながら小さく振りかぶり、小手を打突する。
打突後はそのまま前へ進む

① 　遠い間合から一足一刀の間合に入る
②～③右足を前へスライドさせながら、
　　　小さな振りかぶりから小手を打突する
④ 　そのまま前へ進み、右こぶしを相手の右こぶしに当てるようにしていく

⚠ ポイント

相手の目を見ながら打つ

基本の小手打ち（P48～参照）でも紹介したように、小手打ちは相手の目を見ながら打つことが大切。小手を見て打つと相手に気づかれ、試合では応じられるリスクがある。また、まっすぐ前を見て打つことで、腰の入った、正しい打突姿勢で打つことができる。

70

⚠️ ポイント
右足を前へ出しながら小さく振りかぶる

より素早く小手を打つには、右足を前へ出す（スライドさせる）動きと、小さく振りかぶる動きを同時に行うようにしよう。スライドさせた右足が、そのまま踏み込みの動作となり、振りかぶりから打突までを「ひとつのリズム」で行えるようになる。これは前ページで紹介した「実戦での面打ち」にも生かせる技術だ。

Extra
肩甲骨（けんこうこつ）を使って打つと、実戦向きの打突になる

「切り返し（P58〜参照）」の項目で、正確に、速く、鋭く打突するために「剣道の肩をつくる」ことを紹介した。これは基本を学ぶには大切なことだが、肩関節を使った打突は、振りかぶりが大きくなるので試合向きではない。そこでより実戦向きな「肩甲骨を使った打突」を意識してみよう。肩ではなく、肩甲骨を動かして打つ、というイメージをもって稽古すると、小さな振りかぶりでも、強く、スピードのある打突ができるようになる。

👉 ワンポイントアドバイス

>> **相手の右胸の上をねらう！**

実戦では、小手の打突部位をねらうというよりも、相手の右胸の上あたりをねらうと、正確で速い小手打ちができる。

仕かけ技　実戦での打突のしかた

一本がとれる！正確な胴打ちをマスターする

ねらい

Menu 025　実戦での胴打ち

難易度 ★★★

上達する能力
▶ 間合
▶ 体さばき
▶ 手の内の冴え

やり方

遠い間合から一足一刀の間合に入り、面打ちと同じ軌道で振りかぶる。
相手が面打ちを警戒して手元を上げたところを、すかさず手を返して胴を打突する。
打突後はそのまま前へ抜けて残心をとる

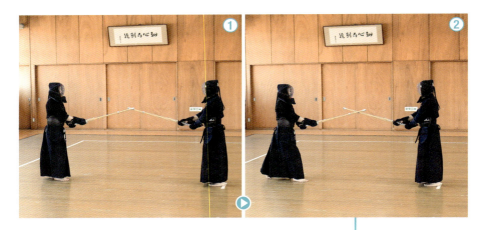

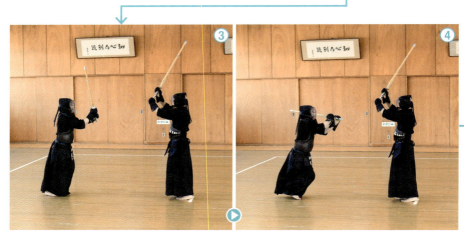

① 遠い間合から一足一刀の間合に入る

②～⑤ 前へ出ながら、面打ちと同じように竹刀を振りかぶり、相手が面打ちを防ごうと、手元を上げた瞬間に手を返して胴を打つ

⑥ そのまま相手の横を抜けて残心をとる

ポイント

相手の前で打てば、正確な胴打ちになる

胴打ちは、打突後に早く相手の横を抜けようとして、相手の横から打つケースが多い。そうなると前胴を打突したり、元打ちになりがちで、正確な打突にならない。しっかり前へ踏み込みながらも、相手の前で胴を打突する意識を徹底させよう。正確さとスピードのある胴を打つためには、

● 相手の正面で打つ
● 手を素早く返す
● 斜め45度の角度で竹刀を振り下ろす

ことがポイントになる。また、脇をあけて打つと、斜めではなく横から竹刀が出てしまいがちになるので注意。

ワンポイントアドバイス

》 相手を見て打つ

胴を打つときは視線を正面に向けて、相手をまっすぐに見ながら打突する。小手打ちでの注意と同じように、胴を見ながら打つと腰が引けて、崩れた打突姿勢になりやすい。

ワンポイントアドバイス

》 打突後も相手から目を離さない

まっすぐに相手を見ながら打突した後は、そのまま相手から視線を離さない。つねに目で相手を追うようにして、素早く横を抜けて残心をとる。

仕かけ技　実戦での打突のしかた

一本がとれる！正確な突きをマスターする

Menu **026** 実戦での突き

難易度 ★★★★☆

上達する能力
▶ 体さばき
▶ 手の内の冴え

やり方

遠い間合から一足一刀の間合に入り、剣先で中心をとって攻める。
相手が反応した瞬間に踏み込み、両手を内側へ絞りながら、腰を入れて突く。
攻め方に応じて表突き、裏突き、前突きの3種類がある

① 遠い間合から一足一刀の間合に入り、剣先で攻めながら間合を詰める
② 相手が反応した瞬間に踏み込んで突く
③〜④ 突いた後はすぐに竹刀を引き戻し、中段の構えをとって残心をしめす

突きっぱなしにせず、素早く竹刀を引き戻す

相手との間合が近いので、すぐに残心をとって、次の動きに備える

ワンポイントアドバイス

≫ 両手を内側へ絞りながら、腰を入れて突く

面や胴に比べて、突きの打突部位（突き垂）は小さくねらいにくい。より正確さを出すには、腕の力を抜き、両手をやや内側へ絞りこんで突く。

腕ではなく、腰で突く意識をもつと、腰の入った威力のある突きになる。

！ポイント
剣先での攻め方で、3つの突き方がある

突きは剣先で攻めたときの、相手の反応によって3つの突き方がある。裏を攻めた反応を利用するのが「表突き」。表を攻めた反応を生かすのが「裏突き」。

鍔元を攻めて相手の反応を誘うのが「前突き」。突き方のポイントはいずれも同じ。

【表突き】

▲剣先で相手の裏を攻める（裏から相手の中心をとろうとする）

▲攻めに反応した相手が、竹刀を押し返してくる

▲押し返してきた力を利用して、相手の竹刀の下から竹刀を回す

▲踏み込んで、隙ができた相手の表から、諸手で突く

【裏突き】

▲剣先で相手の表を攻める（表から相手の中心をとろうとする）

▲攻めに反応した相手が、竹刀を押し返してくる

▲押し返してきた力を利用して、相手の竹刀の下から竹刀を回す

▲踏み込んで、隙ができた相手の裏から、諸手で突く

75

仕かけ技　連続技

小手打ちの勢いを生かして素早く面を打突する

ねらい

Menu 027　小手から面の連続技

難易度 ★★★

上達する能力
▶ 間合
▶ 体さばき
▶ 手の内の冴え
▶ 打突の強度

やり方

遠い間合から一足一刀の間合に入り、踏み込みながら小さな振りかぶりで小手を打つ。小手打ちの勢いのまま、さらに踏み込んで面を打つ

① 遠い間合から相手を攻め、一足一刀の間合に入る
②〜③ 踏み込みながら小さくふりかぶり、小手を打つ
④〜⑤ 小手打ちの勢いを生かし、さらに踏み込んで面を打突する
⑥ そのまま相手の横を抜けて残心をとる

①

②

③

Extra 連続技とは

連続技とは、続けて技を出して相手を攻めていく形。一本目の技をきめるつもりで打突し、その勢いを二本目の打突に生かして、技の連絡をスムーズにすることで効果があがる。

ポイント

背すじを伸ばして打つと左足が引きつけやすい

小手を打った後、いかに早く左足を引きつけて、次の面打ちにつなげるかが、この連続技のポイントになる。意識したいのは、小手を打突するときに背すじを伸ばすこと。こうすると自然に左足が引きつけやすくなり、面打ちの踏み込みへストレスなく移行できる。

76

❓ なぜ必要?

連続して素早く打突できれば有利に試合を進められる

最初の動作が不十分な場合や、相手に受け止められた場合に、すぐ次の技が出せるようにするための稽古。相手を追い込んで有利に試合を進めたい状況でも生きてくる。なお、技の尽きたところは、逆に相手の打突の好機となるので、そのような状態をつくらない（つねに攻める）稽古でもある。

👆 ワンポイントアドバイス

» **小手打ち後の体勢に注意!**

小手を打った後に体勢を崩してしまうと、次の面打ちが悪い姿勢になり、不完全な打突になってしまう。小手打ちも有効打突をきめるつもりで集中し、背すじを伸ばした正しい打突姿勢を心がけよう。

❌ ここに注意!

小手を見ながら打つと、左足の引きつけが遅れる

本書でも何度か紹介してきたように、小手打ちは相手の目を見ながら打突することが原則。小手を見ながら打突すると姿勢が崩れ、この連続技のポイントとなる左足の引きつけも遅くなってしまう。背すじを伸ばした小手打ちを徹底しよう。

仕かけ技　連続技

最初の打突で体勢を崩さず、次の面打ちにつなげる

難易度 ★★★

上達する能力
▶ 間合
▶ 体さばき
▶ 手の内の冴え
▶ 打突の強度

Menu 028 面から面への連続技

やり方

遠い間合から一足一刀の間合に入り、相手の中心に隙ができた瞬間に踏み込んで面を打突する。面打ちの勢いをそのまま生かし、もう一度踏み込んで面を打突する

① 遠い間合から剣先で相手を攻め、一足一刀の間合に入る
②～③ 相手の中心に隙ができた瞬間に、踏み込んで面を打つ
④～⑥ 素早く左足を引きつけ、はじめの面打ちの余勢を生かして、もう一度面を打突する

ワンポイントアドバイス

》 **一本をとるつもりで面を打つ**

稽古のときから、はじめの面打ちも気を抜かないようにしよう。しっかりきめるつもりで打突することが、正しい姿勢の維持や、打突後の体勢の乱れを防ぎ、次の面打ちを効果的にする。

78

⚠️ ポイント
はじめの面打ちで体勢を崩さない

面から面への連絡技は、はじめの面を打った後に体勢を崩してしまうケースが多い。体のバランスが不安定になれば、次の面打ちが正確さを欠き、左足の引きつけも遅れてスムーズな連絡ができない。稽古では正しい姿勢で打突することを心がけ、とくに打突後のバランス維持に意識を置くようにしよう。

▲下を見たまま、手だけで面に当てにいくような打突。はじめの面打ちで、このように体勢が崩れていると、すぐに次の打突行動がとれない

④ 後ろへ下がった相手をさらに追い込むため、素早く左足を引きつけて前へ出る

⑥ はじめの面打ちの勢いを殺さず、写真❷〜❻をひとつのながれで、スムーズに行なわないと効果がない

仕かけ技　連続技

小手を打った後、相手を面に誘って胴を打つ

ねらい

Menu **029** 小手から胴への連続技

難易度 ★★★

上達する能力
▶ 間合
▶ 体さばき
▶ 手の内の冴え
▶ 打突の強度

やり方

遠い間合から一足一刀の間合に入り、小さな振りかぶりで小手を打突する。
すかさず振りかぶって面打ちを警戒させ、相手の手元が上がった瞬間に手首を返して胴を打突する

① 遠い間合から相手を攻め、一足一刀の間合に入る
②〜③ 小さく振りかぶりながら踏み込み、小手を打つ
④〜⑤ 素早く左足を引きつけながら、面を打つように振りかぶり、相手が面を守ろうと手元を上げたところを、手を返して踏み込み、胴を打つ
⑥ そのまま横を抜けて残心をとる

①

②

踏み込みながら、小さな振りかぶりで小手を打つ

③

背すじを伸ばし、一本をとるつもりで！

! ポイント

相手に面打ちを警戒させ素早く手首を返して胴を打つ

小手を打った後は、面を打つように見せかける「誘い」の動作がポイントになる。この動きによって、相手は面を守ろうと手元を上げるので、胴に隙ができやすい。こうした誘いから胴打ちまでの動きを、滑らかに、速く行うことを意識して稽古をしよう。

✕ ここに注意！

胴を見ながら打つと姿勢が崩れる

実戦での胴打ち（P72〜参照）でも紹介したように、胴を打突するときは、相手をまっすぐに見ながら行う。試合のように動きが速くなり、緊迫した状況になるほど、つい胴を見て打突しがちになるので注意が必要。普段の稽古から、良いクセがつくように心がけたい。

👉 ワンポイントアドバイス

≫ 素早い左足の引きつけが技のつなぎをスムーズにする

小手を打った後、左足を素早く引きつけることで、次の胴打ちへの踏み込みが速くなる。小手打ち〜胴打ちをひとつの動きにするように意識しよう。

👉 ワンポイントアドバイス

≫ 素早く手を返して大きくあいた胴を打つ

速い動きの中でも、刃筋正しく、正確に右胴部が打突できるよう、稽古の中で精度を磨いていこう。振りかぶりからの手の返し、斜め45度の軌道の振り下ろし、相手の前での打突などを意識しながら練習をしよう。

仕かけ技　連続技

突いた勢いのまま前へ出て切れ目なく面を打突する

Menu 030 突きから面の連続技

難易度 ★★★

上達する能力
▶ 体さばき
▶ 手の内の冴え
▶ 打突の強度

やり方

遠い間合から一足一刀の間合に入り、相手の中心に隙ができた瞬間に踏み込んで突く。突かれて後退する相手を、突いた勢いのまま追い込み、続けて面を打突する

① 　　遠い間合から、相手を攻めながら一足一刀の間合に入る
②〜④ 相手の中心がわずかにあいた瞬間、一気に踏み込んで突く
⑤ 　　突いた後は素早く左足を引きつけ
⑥〜⑧ 突きで前へ出た勢いのまま、下がる相手の面を打突する

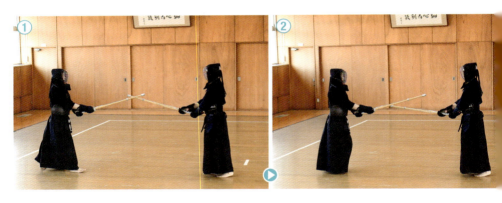

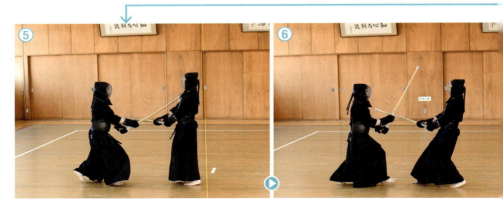

正しい姿勢で突くことが、その後の滑らかな動きをつくる

ここまで紹介した連続技に共通する「初めの打突の勢いを次の打突に生かす」ことがここでも大切になる。鋭く前へ出て突いた勢いを殺さず、後退する相手を追い込むためのポイントは以下のとおり。
- 手で突こうとせず、腰で突く意識をもつ。手で突くと姿勢が崩れ、突いた後にバランスを崩しやすい。

体勢が乱れれば、次の面打ちが正確に打てない
- 突いた後は、素早い竹刀の引き戻しと、左足の引きつけを意識する

腰の入った正しい姿勢で突きができれば、左足の引きつけも素早くでき、スムーズに面打ちへ連続できる。

ワンポイントアドバイス

>> 相手の中心にわずかな隙ができた瞬間に突く

突きをきめるタイミングは、相手の剣先が下がるか、剣先がやや開いて中心があいた瞬間になる。つねに剣先で相手を攻めながらチャンスをうかがい、わずかな変化を見逃さずに攻め込もう。鋭く踏み込む動きが、次の面打ちにも生きてくる。

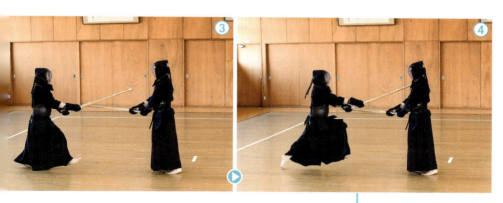

83

仕かけ技　払い技

「払う→打つ」の動作を
スムーズに行う

ねらい

Menu **031** 払い面

難易度 ★★★

上達する能力
- ▶ 間合
- ▶ 体さばき
- ▶ 手の内の冴え
- ▶ 打突の強度

やり方

遠い間合から一足一刀の間合に入り、手首のスナップを使って相手の竹刀を表から払い（表払い・P86参照）、そのまま竹刀を振り下ろして面を打つ

① 　遠い間合から一足一刀の間合に入る
②〜④ 相手の竹刀を表から払う
⑤〜⑦ 払う動作の頂点から、竹刀を振り下ろして面を打突する
⑧ 　そのまま相手の横を抜けて残心をしめす

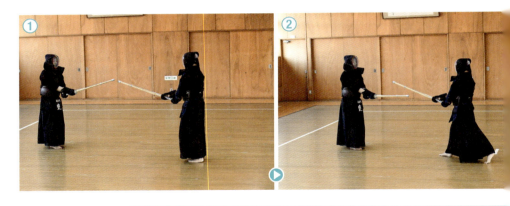

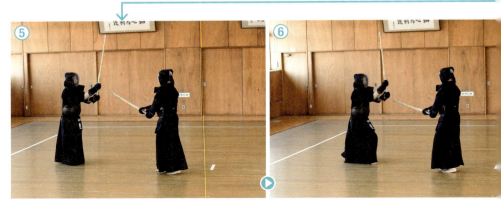

なぜ必要？

相手の構えに隙がないとき
竹刀を払って構えを崩し、攻める

払い技は、相手の構えに隙がない場合、竹刀を払って構えを崩し、攻めの糸口をつくるときに有効。また、相手が応じ技をねらっている場合にも効果がある。攻撃のパターンのひとつとして身につけておこう。

払い技とは

払い技は、相手の竹刀を払って構えを崩し、隙をつくって打突する。払うときは手首のスナップをきかせ、半円を描くように竹刀を操作して打突する。

ポイント

「払う〜打つ」を、一拍子のリズムでスムーズに行う

竹刀を払ってから面打ちまでの動きをスムーズに、ひとつの動き（ながれ）のなかで行えるようにしよう。なお、相手が前へ出てきたところをねらって払うと、より効果的になることも覚えておこう。

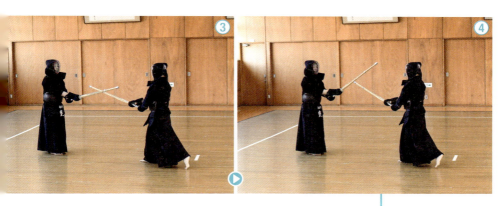

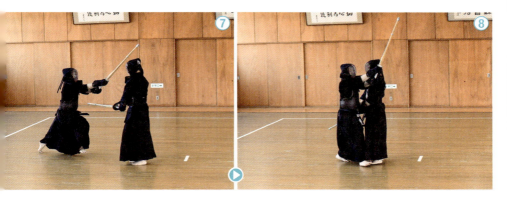

P86へ続く

仕かけ技　払い技

Menu 031 払い面

❗ ポイント
竹刀の鎬を使って半円を描くように払う

竹刀の払い方は、物打あたりの鎬（側面）を使って、相手の竹刀の真ん中あたりを払う。半円を描くようなイメージで竹刀を操作するとよい。自分の竹刀が表にある状況から払うのが「表払い」。裏にある状況で払うのが「裏払い」になる。

【表払い】
表払いは竹刀の表鎬（左側面）で、相手の竹刀の表鎬を払う。

👆 ワンポイントアドバイス

≫ 大きく払い過ぎると面打ちが遅くなる

竹刀を払う大きさにも注意しよう。自分の竹刀の剣先を、相手の体の幅よりも大きく横へはみ出さないようにすることがポイント。大きく払い過ぎると、竹刀を中心に戻すのに余計な時間がかかり、次の打突が遅くなってしまう。

86

Level UP!
面を打つ途中で払うと一拍子のリズムで速く打てる

払って面を打つ動きに慣れてきたら、面を打つ動きの途中に、払う動作を入れる稽古をしてみよう。「払って面を打つ」というふたつの動きではなく、「面を打つ途中で払う」意識で行うようにする。動きが一拍子のリズムになり、よりスピードのある払い技になる。

【裏払い】

裏払いは竹刀の裏鎬（うらしのぎ）（右側面）で、相手の竹刀の裏鎬を払う。

ワンポイントアドバイス

>> 手首を使って半月（半円）を描くように

相手の竹刀を払うときは、手首のスナップを使いながら、半月（半円）を描くようなつもりで。つねに左こぶしが、正中線からはずれないようにすることも大切。

仕かけ技　払い技

裏から小さく竹刀を払い素早く小手打ちをきめる

Menu **032** 払い小手

難易度 ★★★

上達する能力
▶ 体さばき
▶ 手の内の冴え
▶ 打突の強度

やり方

遠い間合から一足一刀の間合に入り、
相手の竹刀を裏から小さく払いながら踏み込み、小手を打突する

①〜② 遠い間合から一足一刀の間合に入り、
③〜⑤ 裏から相手の竹刀を小さく払いながら踏み込み、
⑥〜⑦ 払い上げた竹刀をそのまま振り下ろして小手を打突する
⑧　　打突後は、打突の勢いで前に出ながら背筋を伸ばす

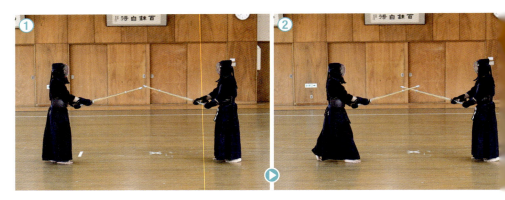

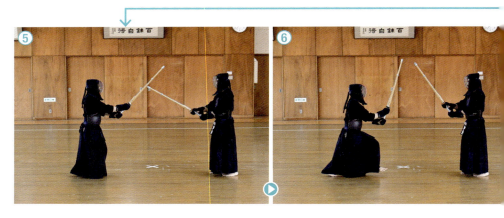

⚠ ポイント
小手は手先で打ちにいかない

小手打ちは技（動き）が小さいので、どうしても手や腕だけで打つような、小手先の打突になりやすいので注意。一本をとるには、しっかりと踏み込んでいき、腰を入れて打つことを心がけよう。また、小さな払いは相手の構えを崩しにくいので、間合を詰めながら、攻めて払うような意識をもとう。この裏から払う「払い小手」は、竹刀を右側へ開いて小手を隠すように構える相手に効果的。

≫ 表、裏、両方から払い技が出せるように

「払い面」では表から払う形、ここでは裏から払って打つ形を紹介した。このほかにも「表から払って突き」「裏から払って面」「裏から払って胴」など、払い技にはいくつかのパターンがある。状況や相手に応じて、表裏どちらからでも攻められるように稽古をしておこう。

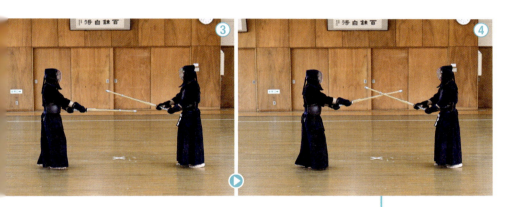

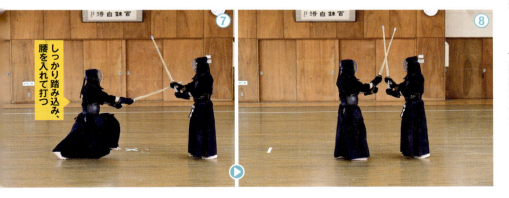

しっかり踏み込み、腰を入れて打つ

仕かけ技　出ばな技

下がった相手が、前へ出て打つ瞬間を先にとらえる

ねらい

Menu **033** 出ばな面①

難易度 ★★★★

上達する能力
▶ 間合
▶ 打突の機会
▶ 手の内の冴え

やり方

遠い間合から一足一刀の間合に入り、前へ出て剣先で相手を攻める（中心をとろうとする）。
攻められた相手が後ろへ下がった後、前へ出て打とうとした瞬間に、先にこちらから面を打突する

①〜②遠い間合から一足一刀の間合に入り、さらに前へ出ながら剣先で相手を攻める
③〜④攻められた相手が後ろへ下がる
⑤〜⑧反撃しようとする相手の機先を制して、こちらから先に面を打っていき、
　　　打突後はそのまま進んで残心をとる

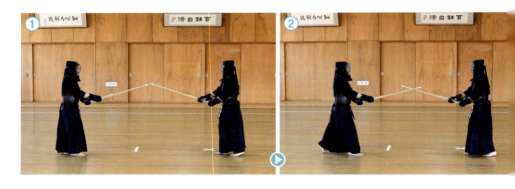

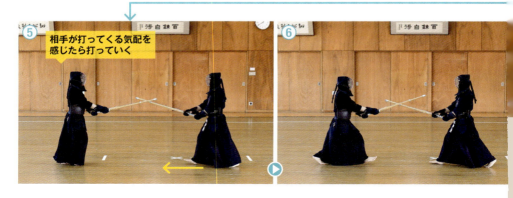

相手が打ってくる気配を感じたら打っていく

90

なぜ必要？

試合や稽古で最も技がきまる打突の機会が「出ばな」

相手が技を出すところ「出ばな」は、防御ができない状態であり、試合や稽古で技が最も多く決まる打突の機会になる。この好機をとらえて打突することで、勝率も大幅にアップすることが期待できる。普段から意識して稽古しよう。

Extra

出ばな技とは

相手が動作を起こそうとする「起こりばな」をねらい、こちらから先に攻めていくのが出ばな技。動作を始めた瞬間は防御ができない状態なので、そこに一瞬の隙ができる。このように相手の機先を制することを、剣道では「先をとる」といい、出ばな技はまさに「先の技」になる。

ポイント

後ろに下がった相手が前へ出て打つ瞬間をねらう

ここで紹介する出ばな面は、攻められて後退した相手が、反撃しようと打ってくる瞬間をねらって打突するパターン。後ろへ下がった相手は、劣勢を巻き返そうと「前へ出なくては」とあせりがちになる。その心理を利用して、一瞬で相手をとらえる。相手が動いてからではなく、打つ気配を感じたら先に仕かけないと効果がない。

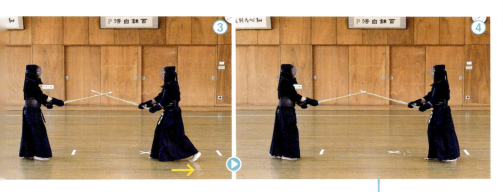

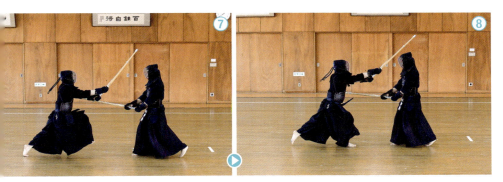

仕かけ技　出ばな技

相手を打つ気持ちにさせ動作の起こりをねらって打つ

難易度 ★★★★

上達する能力
▶ 間合
▶ 打突の機会
▶ 体さばき
▶ 手の内の冴え

Menu 034　出ばな面②

やり方

遠い間合から一足一刀の間合に入り、こちらから先に打っていく気持ちで相手を攻め、面を打たせるように誘いをかける。その動きに反応した相手が打とうとした瞬間をとらえ、先に面を打突する

①～② 遠い間合から一足一刀の間合に入り、「先」をとる気持ちで相手を攻める
③～⑤ さらに間合を詰めて面を打たせるように誘い、相手が打ってくる気配を感じた瞬間に、こちらから先に面打ちにいく
⑥ 打突後はそのまま抜けて残心をとる

ワンポイントアドバイス

≫ 相手の打突を誘ってチャンスをつくる

ここでは、いつでも打っていく気構えと身構えで攻め、相手の「打ち気」を誘うことが大切になる。こうした状況を「打突を誘う」といい、こちらが攻め勝っていなければ、逆に相手から先に打たれてしまう。

相手が打ってくる気配を感じた瞬間、先に仕かける

! ポイント

「先をとる」「気配を感じて打つ」が出ばな技をきめるポイント

前ページの出ばな面①は、攻められた相手が下がる形。出ばな面②では、誘い出された相手が前へ出てくるパターンを紹介している。相手の反応は違うが「つねにこちらから先に打つ」という気持ちと、相手が打突動作を起こす気配を感じたら先に打っていく、という基本は変わらない。出ばな技の稽古は、この点を十分に意識して行おう。

≫ コンパクトに速く打つ

打突の瞬間は、相手が前へ出てくる分だけ間合が詰まることに注意する。遠くを打つのではなく、近くを「速く、コンパクトに打つ」ことを心がけよう。

≫ 右足を出して誘う

誘い出された相手が打つ気配を見せたら、一瞬も遅れることなく、思いきって打ち込んでいく。そのためには右足を出しながら攻めて相手を誘うと、攻めから打突がスムーズに行える。

仕かけ技　出ばな技

手元を上げる瞬間をとらえ先に小手を打突する

ねらい

Menu **035** 出ばな小手

難易度 ★★★

上達する能力
▶ 間合
▶ 打突の機会
▶ 体さばき
▶ 手の内の冴え

やり方

遠い間合から一足一刀の間合に入り、相手を気と剣で十分に攻める。
攻められた相手が面を打とうと、手元を上げる一瞬をとらえ、小手を打突する

①〜②遠い間合から一足一刀の間合に入り、さらに気と剣で相手を攻める
③〜⑤攻められた相手が面を打とうと、手元を浮かせた瞬間に、こちらから先に小手を打突する
⑥　打突後はそのまま前へ進み、残心をとる

強い気迫で攻め、剣先や手元がわずかに上がる瞬間をとらえる

⚠ ポイント

相手の全体の動きを見て わずかな動作を見逃さない

この技は、相手の剣先や手元がわずかに上がった瞬間が打突の機会となる。つねに相手の全体の動きに気を配りながら攻めて、いつでも先に打っていく気持ちと体勢を維持しておくことが大切になる。

✖ ここに注意!

あせって手打ちにしない!

一瞬の好機をとらえなければならないので、ついあせって手だけで打つ「手打ち」になりやすい。小手打ち自体も技が小さいので、正しい打突姿勢で、しっかり腰を入れて打つようにしよう。また、お互いの間合が近くなる分、待って打ちたくなるが、相手の打ちを待ちすぎると先に打たれてしまうので、十分に攻めて相手を引き出したところで打つタイミングを意識しよう。

 ワンポイントアドバイス

≫ 小手打ちの基本を守る

素早い反応と動作が求められる状況でも、以下のような小手打ちの基本を徹底しよう。
- 相手の目を見ながら打つ。小手を見て打たない
- 姿勢を崩さずに打つ
- しっかり腰を入れて打つ

仕かけ技　引き技

後ろへ下がりながらの正確で強い打突の習得

ねらい

Menu **036** 引き面①

難易度 ★★★

上達する能力
▶ 間合
▶ 打突の機会
▶ 体さばき
▶ 手の内の冴え
▶ 打突の強度

やり方

つばぜり合いの状態で、相手の手元を後ろへ押して攻める。
攻め返そうと、押し返してくる相手の力を利用して下がりながら、しっかりと面を打突する

① つばぜり合いの状態
② 相手の手元を押して攻め、体勢を崩そうとする
③〜⑤ 相手が手元を押し返してくる力を利用し、そのまま後ろへ下がりながら、しっかり面を打突する
⑥ 相手から目を離さないようにして、正対しながら素早く間合を切る

ワンポイントアドバイス

》 つばぜり合いになった瞬間の引き技は効果的

一度つばぜり合いの状態になってしまうと、お互いに警戒して、なかなか隙を見つけられないケースが多い。ところが、つばぜり合いになった瞬間は、意外にふっと気が抜けて、隙ができやすい。この一瞬をねらって引き技を仕かけていけば、一本がとれる可能性が高いことを覚えておこう。

ポイント

相手が押し返す力を下がる力にする

手元を押された相手が、反発して押し返してくる力を利用して、素早く後ろへ下がるようにしよう。相手の押し返す動きが、打突のきっかけになっている。

? なぜ必要?

積極的に相手を崩し、技を出す

近年、試合中に「つばぜり合い」になる頻度が高く、それに伴って引き技で一本になるケースも増えている。つばぜり合いから積極的に相手を崩し、技を出すための稽古を取り入れよう。また、つばぜり合いが時間空費などに利用されたり、崩れた形で行われているケースも多い。引き技の稽古の中で、正しいつばぜり合いの形（P 56 ～参照）も再確認しておこう。

Extra

引き技とは

つばぜり合いの状態から、後ろへ下がりながら打突する技。引きながら技を出すので体勢を崩しやすく、相手から反撃もされやすいので、間合の切り方や相手から目を離さないことに注意しよう。

! ポイント

相手の腕が伸びきったところで面を打つ

面を打つタイミングは、押し返してきた相手の腕が伸びきった瞬間が効果的。また、早く下がろうとあせると、打ちが浅くなったり、軽くなり、有効打突にならない。下がりながらもしっかりと、打突部位を正確にとらえることを意識しよう。

仕かけ技　引き技

相手の手元を斜め上方向に崩して打突の好機をつくる

Menu **037** 引き面②

難易度 ★

上達する能力
- ▶ 間合
- ▶ 打突の機会
- ▶ 体さばき
- ▶ 手の内の冴え
- ▶ 打突の強度

やり方

つばぜり合いの状態から、左こぶしで相手の右こぶし（手元）を斜め上へ押し上げる。相手が体勢を崩したところで、下がりながら面を打突する

① つばぜり合いの状態
②〜④ 左こぶしを相手の右こぶしにぶつけるようにして押し上げ、相手の体勢を崩す
⑤ 素早く斜め後方へ下がりながら面を打突する
⑥ 相手から目を離さず、素早く離れる

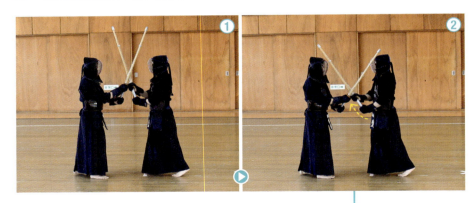

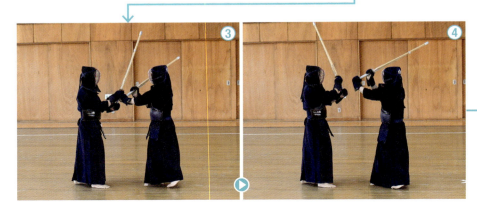

98

ポイント
いろいろな崩した方を覚え、技のバリエーションを増やす

引き技は、つばぜり合いから積極的に相手の体勢を崩さないとチャンスが生まれない。ここで紹介したように、相手の手元を押し上げる方法もそのひとつ。前メニューの「引き面①」のように手元を押す方法や、次ページの「引き胴①」のように手元を押し下げる崩し方もある。それぞれの崩し方のパターンを練習して身につけ、状況に応じて使い分けられるようにしよう。

ワンポイントアドバイス

» **こぶしを斜め上へ押し上げれば崩しやすく、面も打ちやすい**

手元を押し上げる方向は、真上よりも斜め上のほうが、相手の手元が邪魔にならず面打ちがしやすくなる。また、斜めから崩すことで、相手がよりバランスを乱しやすくなる。なお、この後に紹介する「引き胴②」や「引き小手②」では、手元を押し上げる方向や大きさが違う。このあたりにも注目してみよう。

▲左こぶしを相手の右こぶしにぶつけるようにして、斜め上へ押し上げる。相手は手元の上がった状態になり、面や胴などに隙ができる

やや斜めに下がりながらの打突は、こちらは相手に正対しているが、相手はこちらを正面にとらえられないので反撃されにくい

仕かけ技　引き技

竹刀を押し下げる崩しから引き胴をきめる

Menu **038** 引き胴①

難易度 ★★★

上達する能力
- ▶ 間合
- ▶ 打突の機会
- ▶ 体さばき
- ▶ 手の内の冴え

やり方

つばぜり合いの状態から、鍔元で相手の竹刀を押し下げて攻める。それに反応して相手が竹刀を押し上げてきたら、その力を利用して竹刀を振り上げ、引きながら胴を打突する

① つばぜり合いの状態から
② 鍔元で相手の竹刀を押し下げる（崩す）
③ 反応した相手が竹刀を押し上げる力を利用して、振りかぶる
④〜⑤ そのまま引きながら、しっかり胴を打突する
⑥ 相手を見ながら素早く間合を切る

ポイント
鍔元に体重をのせて竹刀を押し下げる

ここでの攻めは、つばぜり合いの状態から、鍔元を使って相手の竹刀を押し下げる動き。
小手先ではなく、しっかりと鍔元に体重をのせて、相手を崩しにかかることが大切。その力が強いほど、相手が竹刀を押し上げる力も大きくなり、反動を生かした竹刀の振り上げがよりスムーズになる。
また、胴を打突するときは、腰が引けた姿勢にならないように注意。相手をまっすぐに見ながら下がり、刃筋正しく、正確に胴の打突部位を打つことを意識しよう。

ワンポイントアドバイス

≫ 鍔元で鍔元を押し下げる

相手の竹刀を押し下げる動作は、鍔元で相手の鍔元を下に押し下げるようにする。
左こぶしを体の中心線（正中線）上に置いて体重をのせれば、より大きな押す力が生まれる。

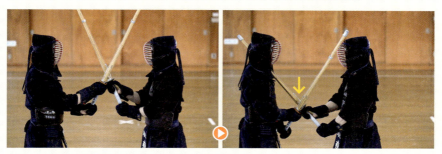

▲鍔元に体重をのせ、腰を入れて、竹刀を押し込むように下へ崩す

仕かけ技　引き技

手元を押し上げて崩す動きを竹刀の振り上げに利用する

Menu **039** 引き胴②

難易度 ★★★

上達する能力
▶ 間合
▶ 打突の機会
▶ 体さばき
▶ 手の内の冴え

やり方

つばぜり合いの状態から、左こぶしで相手の右こぶしを押し上げて崩す。
相手のこぶしを押し上げる力を生かして竹刀を振り上げ、大きくあいた相手の胴を打突する

① 　つばぜり合いの状態から
②〜④　左こぶしを相手の右こぶしにぶつけるようにして上方向へ押し上げ、その動きを生かして振りかぶる
⑤　　下がりながらも腰を入れて、しっかりと胴を打突する
⑥　　相手から目を離さないようにして、素早く下がる

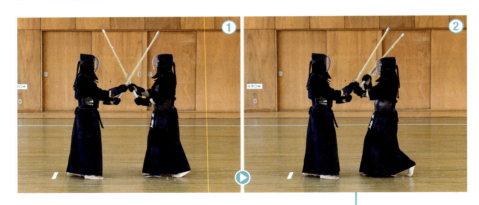

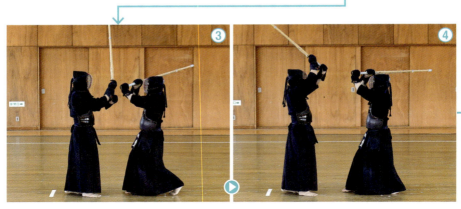

⚠ ポイント
手元を大きく崩すほど胴打ちがきまりやすい

手元を押し上げるときは、左こぶしを相手の右こぶしにぶつけるようにして、大きく崩すようにしよう。相手の手元が上がるほど、胴部に大きな隙ができ、打突がしやすくなる。

また、手元を押し上げるときは力まずに、肩の力を抜くことが大切。肩をやわらかく使うことで、竹刀の振り上げがスムーズになり、より速く次の胴打ちへとつながる。

👆 ワンポイントアドバイス

≫ 胴打ちの崩し方は手元を上へ押し上げる

「引き面②（P 98 ～参照）」では、相手の手元を「斜め上」に押し上げて崩した。ここでは相手の手元を「上方向」へ押し上げることで、胴部に大きく隙ができる。また、斜めよりも上方向に押し上げるほうが手首が返しやすく、胴打ちへスムーズに移行できるメリットもある。打突を急ぐと、手元の押し上げ方が小さくなって、隙もつくれず、振りかぶりに生かす力も弱くなるので注意しよう。

▲左こぶしを相手の右こぶしにぶつけるようにして、上方向へ押し上げる。
肩の力を抜いて行えば、そのまま打突の動作になり、写真③からすぐに竹刀を振り下ろせる

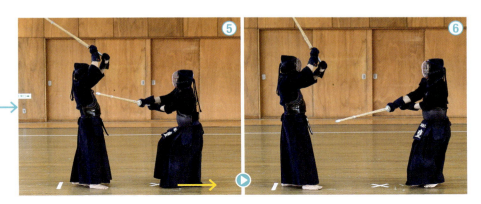

仕かけ技　引き技

打突部位の小さな小手を引きながら正確に打突する

ねらい

Menu **040** 引き小手①

難易度 ★★★★

上達する能力
- ▶ 間合
- ▶ 打突の機会
- ▶ 体さばき
- ▶ 手の内の冴え

やり方

つばぜり合いの状態から、鍔元で相手の竹刀を押し下げて攻める。
相手が反応して竹刀を押し上げてきたところを、その力を利用して小さく振りかぶり、小手を打突する

① 　つばぜり合いの状態から
② 　鍔元で相手の竹刀を押し下げる
③ 　相手が反応して、竹刀を押し上げてくる
④〜⑤ 相手が竹刀を押し上げる力を利用して小さく振りかぶり、下がりながら刃筋正しく小手を打突する
⑥ 　相手から目を離さないようにして、素早く後ろへ引く

! ポイント

下がりながらも、真上から相手の竹刀に沿わせる軌道で小手を打つ

もともと小手は打突部位が小さいので、横から当てにいくような打突をする人が多い。引きながらの小手打ちでは、なおさら打突部位を正確に打つことが難しくなる。下がりつつも、真上から刃筋正しく、腰を入れた打突をしよう。相手の竹刀に沿わせるように振り下ろせば、刃筋が立ち、正しく、打突部位をとらえることができる。

Extra

相手の手元のかたさによって崩し方をかえる

ここまで紹介したように、引き技での崩し方には2つのパターンがある。これは手元がかたい人、やわらかい人、両方のタイプに応じて崩し方が違ってくるため。相手に応じてどちらの崩し方もできるよう、普段から稽古をしよう。

●手元がかたい人の攻略法

手元に力が入っている人は、手元がかたくなる。こちらが手元を押すと、すぐに押し返してくる場合が多い。このようなタイプは、相手の竹刀を押して崩し、反発で押し返してくる力を打突に生かすと効果的。この章で紹介した「引き小手①」「引き胴①（P100〜参照）」「引き面①（P96〜参照）」などがこの崩し方に適している。

●手元がやわらかい人の攻略法

手元がやわらかい人は、こちらが手元を押しても、押し返してこない場合が多い。このようなタイプは、手元を押し上げて崩すなど、こちらから隙をつくって打突する。この章で紹介した「引き面②（P98〜参照）」「引き胴②（P102〜参照）」「引き小手②（P106〜参照）」などがこの崩し方に適している。

④ ここから相手の竹刀と平行に、真下へ振り下ろして小手を打つ

ワンポイントアドバイス

≫ 素早く状況を見ながら適度な間合いをはかる

引き小手は技が小技になるので、とくに手首のスナップを効かせた、冴えのある打突が必要。また、間合のとり方も重要で、近すぎても遠すぎてもうまく打つことができない。早く下がろうとして、間合いが遠くなるようなケースも多いので注意。的確な状況判断から、相手に気づかれないように、間合を盗むことが成功の鍵になる。

⑤ 早く下がりすぎると間合が遠くなるので間合の取り方に注意する

⑥

仕かけ技　引き技

手元を小さく押し上げ打突しやすい間合をつくる

Menu **041** 引き小手②

難易度 ★★★★☆

上達する能力
- ▶ 間合
- ▶ 打突の機会
- ▶ 体さばき
- ▶ 手の内の冴え

やり方

つばぜり合いの状態から、左こぶしで相手の右こぶしをわずかに押し上げる。手元が上がり、小手に隙ができたところを、引きながら打突する

① つばぜり合いの状態から
②〜③ 相手の右こぶしを自分の左こぶしで上方向へわずかに押し上げる
④〜⑤ 下がりながら、隙のできた相手の小手を打突する
⑥ 相手から目を離さずに、素早く間合を切る

わずかに手元を押し上げ、打ちやすい間合をつくる

106

⚠ ポイント
反撃されないように崩し打ちやすい間合をつくる

面打ちや胴打ちと違い、引き小手打ちの場合は手元がわずかに上がっていれば、小手部に隙ができる。すでにつばぜり合いで剣先が上がった状態なので、ここでは小さく押し上げて、打ちやすい間合をつくることと、反撃されないように崩すことが大切になる。

Extra
引き技の打突後は、素早く下がって相手との間合を切る

後ろへ下がりながら打突をする引き技は、一本がとれないと相手に追い込まれて打たれるリスクが高い。こうした不利な状況をつくらないためには、以下のような点を心がけよう。
- 打突後も相手から目を離さない
- 正しい足さばきで、素早く下がる
- 早く相手との距離を置く（間合を切る）

👉 ワンポイントアドバイス
» 斜め後方へ下がる打突で、反撃のリスクを減らす

上の「Extra」で引き技のリスクを紹介したが、小さな打ちの引き小手は、相手との距離も近いため、とくに反撃される危険が高い。そこで「引き面②（P98〜参照）」でも紹介したように、相手を自分の右斜め上方向へ崩し、左斜め後ろに下がりながら打突する方法が有効になる。自分は相手に正対しているが、相手からはこちらが斜め前にいるので、攻めにくい位置関係になるため。まっすぐ下がる打ち方のほか、こうした攻め方も稽古をしておこう。

技が小さいので、下がりながらもしっかり手首のスナップを効かせて打つ

応じ技　すり上げ技

すり上げやすい「突き」に対してすり上げる動作に慣れる

難易度 ★★★★

上達する能力
- 間合
- 打突の機会
- 体さばき
- 手の内の冴え

Menu 042 突きすり上げ面

やり方

遠い間合から一足一刀の間合に入り、相手が突いてきたところを、右斜め前へ少し出ながら表鎬（竹刀の左側面）ですり上げる。半円を描くようにすり上げた竹刀で、すかさず面を打突する

① 遠い間合から一足一刀の間合に入り
②〜③ 相手が突いてきたところを、表鎬ですり上げる
④〜⑤ 半円を描くようにすり上げた竹刀で、隙のできた面を打突する
⑥ そのまま前へ進み、残心をとる

ポイント

相手の竹刀の真ん中あたりをするようにすり上げる

相手の竹刀をする（擦る）ように、表鎬ですり上げる動作と、すり上げから打突までのスムーズな動作を意識して稽古しよう。相手の竹刀の真ん中あたりを、自分の竹刀の物打あたりの鎬ですり上げるのがポイント。右足を出しながらすり上げると、次の打突の動作にスムーズに入れることも覚えておこう（他のすり上げ技にも共通）。

相手の突きをすり上げる

※応じ技／相手の打突をさばき、そこにできた隙を攻めていく形

なぜ必要？

鎬を使った応じ方を覚えれば、払い技や返し技もうまくなる

すり上げ技は応じ技の代表的なもの。すり上げ技を稽古することで、鎬の使い方がマスターできる。鎬で打ってきた相手の竹刀の勢いを止めたり、体勢を崩して、そこにできた隙をすかさず打突する稽古をしよう。すり上げがうまくできると、払い技（P84～参照）や返し技（P118～参照）も自然と上達する。

Extra

すり上げ技とは

相手の打突に応じて竹刀をすり上げ、竹刀の勢いを止めたり、方向を変え、隙のできたところを打突する技。応じ技の基本となる技。

ワンポイントアドバイス

>> 「すり上げ」がしやすい突きに対して、竹刀をすり上げる感覚をつかむ

大きい打ちの面技などは、動作が大きい分、すり上げの動作をタイミングよく合わせるのが難しい。しかし、突きは動作も小さく、直線的な動きなのですり上げやすい。はじめに「突き」ですり上げ技を稽古する理由はここにある。最初に突きですり上げる感覚を覚えると、次に紹介する面打ちや小手打ちも、うまくすり上げられるようになる。鎬の上手な使い方を意識しながら稽古をしよう。

P110へ続く

応じ技　すり上げ技

Menu 042 突きすり上げ面

Extra
すり上げ技と払い技の違い

すでに紹介した払い技（P84〜参照）とすり上げ技の違いは、こちらが相手の竹刀を払って隙をつくる仕掛け技か、相手の打突をすり上げて隙をつくる応じ技か、という点。どちらも竹刀の使い方やそのポイントは同じになる。

【表からすり上げる】

表からのすり上げは、物打あたりの表鎬（竹刀の左側面）で、
相手の竹刀の真ん中あたりをすり上げる。

 ワンポイントアドバイス

≫ 竹刀をすり上げる幅は、相手の体の幅の内側で

払い技と同じように、竹刀の動きが大きくなりすぎると、次の打突が遅くなる。
剣先が相手の体の幅よりも外へ出ないよう、縦長の半円を描くような軌道が目安。
また、左こぶしを正中線の上に保って竹刀操作することも払い方と同じ。

【裏からすり上げる】

裏からのすり上げは、物打あたりの裏鎬(うらしのぎ)（竹刀の右側面）で、相手の竹刀の真ん中あたりをすり上げる。

❗ ポイント
「受ける」と「応じる」の違い

どちらも相手が打ってきたときの対応だが、打突を「受ける」と「応じる」では、大きな違いがある。竹刀の刃部で相手の竹刀を止めるのが「受ける」。このような受け身では必ず姿勢も崩れているので、すぐに攻めに転じる体勢もとれない。打たれるのが怖くて受けに入ると、完全に守勢にまわり、不利な状況になる。

これに対して「応じる」は、鎬を使って相手の竹刀を応じるので、いつでも打てる体勢が保てる。「受ける」か「応じる」か、鎬をうまく使えることが分かれ目。応じ技では、つねにこの点を意識しておこう。

▲（奥の人が）鎬で相手の打突を止めている。鎬を使えば姿勢も崩れないので、しっかり相手の勢いを止められ、すぐにこちらからも打てる状況をつくれる

▲竹刀の刃部（弦の反対側）で相手の打突を受けている。刃部で受けると姿勢も崩れるので、すぐにこちらから打突できず、不利な状況になる

👆 ワンポイントアドバイス

≫ 手首を使って相手の竹刀をこするようなイメージで

すり上げも払いと同様に、手首のスナップをきかせると効果的。相手の竹刀をするようなイメージで行うと、スムーズにすり上げることができる。

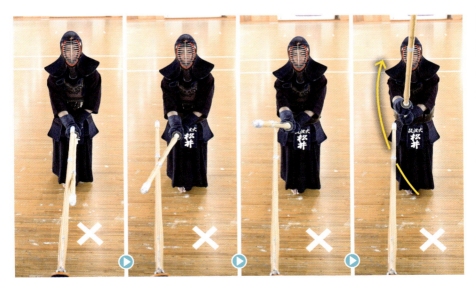

111

応じ技　すり上げ技

表鎬で正しくすり上げ適度な間合を保って打つ

Menu **043** 面すり上げ面

難易度 ★★★★★

上達する能力
▶ 間合
▶ 打突の機会
▶ 体さばき
▶ 手の内の冴え

やり方

遠い間合から一足一刀の間合に入る。
相手の面打ちを、やや右斜めへ踏み出しながらすり上げ、そのまま面を打突する

① 　遠い間合から一足一刀の間合に入る
②〜④ 相手の面打ちを、やや右斜め前へ足を踏み出しながら、表鎬ですり上げ、
⑤ 　そのまま面を打突する
⑥ 　打突後はまっすぐに進み、残心をとる

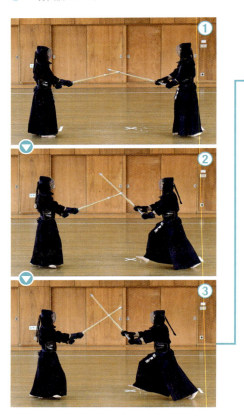

112

⚠ ポイント
相手との間合が詰まって
うまく打てないケースが多い

この技はお互いが前へ出てくるので、間合が詰まりすぎて、うまく打突できない場合が多い。そこで、なるべく自分から離れたところ（前）ですり上げることを心がけ、窮屈な間合にならないスペースを確保しよう。また、「すり上げる」＋「面打ち」のように、動きがひとつひとつ途切れがちになり、スムーズな動きにならないケースも目立つ。そんなときは、前へ踏み出しながらすり上げると、すり上げと打突をひとつの動き（一拍子）にできる。

打ちやすい間合を保つ

▲自分の近くですり上げると間合が詰まるので、離れた位置ですり上げる

👆 ワンポイントアドバイス

≫ 剣先を相手の中心線から大きくはずさずにすり上げる

相手の竹刀を大きく横に払うと、竹刀を元の中心線付近に戻すのに時間がかかり、打突のタイミングが遅れてしまう。剣先が相手の体の幅よりも、外側へ出ない範囲で払う（すり上げる）ようにしよう。

【「面すり上げ面」の
　　すり上げ方】

▶相手（手前）の面打ちを、やや右斜め前へ出ながら、縦長の半円を描くように竹刀を操作してすり上げ、すり上げた頂点から振り下ろして面を打つ。大きく横へ竹刀を払わない

応じ技　すり上げ技
正しく裏鎬を使って小手打ちをすり上げる

Menu 044 小手すり上げ面

難易度 ★★★

上達する能力
- ▶ 間合
- ▶ 打突の機会
- ▶ 体さばき
- ▶ 手の内の冴え

やり方

遠い間合から一足一刀の間合に入り、相手の小手打ちを前へ出ながら、裏鎬を使ってすり上げ、そのまま隙のできた面を打突する

① 　　遠い間合から一足一刀の間合に入り
②〜⑤ 相手の小手打ちを前へ出ながら裏鎬ですり上げる
⑥ 　　すり上げからの一連の動作で隙のできた面部を打突する

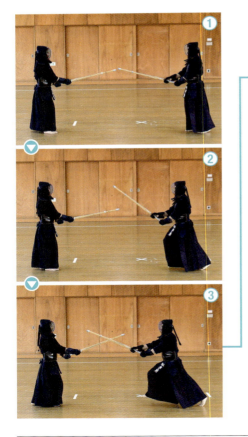

⚠️ ポイント

手元を前へ出しながらすり上げる

相手の小手打ちをすり上げるときは、手元を前へ出しながらすり上げると、一連の動作で素早く面が打てる。手元を引いてすり上げると、打突が遅れるので注意しよう。ほかのすり上げ技にも共通するが、「すり上げて打つ」のではなく「すり上げながら打つ」ことで技が生きる。

▲手元を前へ出して、そのまま面打ちの動きに入れる状態ですり上げるのが理想的

👆 ワンポイントアドバイス

≫ 表と裏、両方の鎬を使えるように

前メニューの「面すり上げ面」は、表鎬を使ったすり上げ。
ここでは裏鎬ですり上げる技を紹介している。
前へ出ながらすり上げ、半円を描くように竹刀を操作する基本は同じ。
相手や状況に応じて、どちらの鎬も自在に使えるように稽古しておこう。

【「小手すり上げ面」のすり上げ方】

▶前へ出ながら、相手の小手打ちを裏鎬ですり上げ、縦長の半円を描くように竹刀を操作して面を打突する

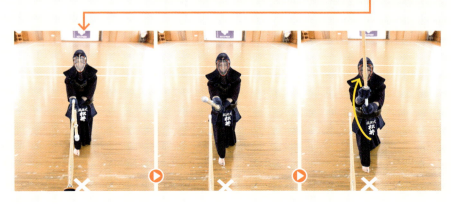

応じ技　すり上げ技

体をさばきながら小技の すり上げる動きを覚える

ねらい

Menu **045** 小手すり上げ小手

難易度 ★★★★★

上達する能力
- ▶ 間合
- ▶ 打突の機会
- ▶ 体さばき
- ▶ 手の内の冴え

やり方

遠い間合から一足一刀の間合に入り、相手の小手打ちを左へ出ながら、裏鎬ですり上げる。その位置で、すり上げた竹刀をそのまま振り下ろして小手を打突する

① 遠い間合から一足一刀の間合に入り
②〜④ 相手の小手打ちを、体を左へさばきながらすり上げる
⑤ そのままの位置で、手首のスナップを利かせて小手を打突する
⑥ 相手との間合によって前に出て打つ。間合が近ければその場で打っても良い

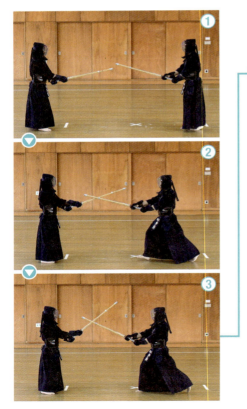

左へ出ながら体をさばく

ポイント
体をさばきながらすり上げる。打突の冴えを意識する

相手の小手打ちに対して素早く体をさばき、その動きの中でキレ味よく小手を打突することがポイント。左へ出ながら、裏鎬で正確に小手打ちをすり上げる稽古をしよう。ここでの小手打ちは踏み込まずに、その場で打突する場合が多い。技が小さいので、打突の冴えがより必要になる。

Extra
打たれて応じるのではなく、相手を引き出して応じる

すり上げ技に共通して覚えておきたいのが、こちらから十分に攻めて、相手を引き出して応じる（すり上げる）ことで、効果があるということ。優位な立場にいるからこそ、ゆとりをもって応じることができる。相手から攻められている状況では、打突に応じる余裕がなく、打突を受けるような形になってしまう（P111のポイント参照）。

ワンポイントアドバイス

≫ 左へ体をさばいて打ちやすい間合をとる

すり上げ技は、相手が素早く前へ出てくると間合が詰まりがちになり、次の打突が窮屈になる。ここではすり上げながら、わずかに左へ出る（体をさばく）ことで、相手との間に適度な距離が保て、小手の打ちやすい間合がつくれる。

【「小手すり上げ小手」のすり上げ方】

▶小手打ちを左へ体をさばきながら、裏鎬ですり上げ、半円を描くように竹刀を操作して小手を打突する。小技なので、とくに小さくすり上げることが重要になる

応じ技　返し技

相手の打突を鎬で応じ素早く手を返して打つ

ねらい

難易度 ★★★★

上達する能力
- ▶ 間合
- ▶ 打突の機会
- ▶ 体さばき
- ▶ 手の内の冴え

Menu **046** 面返し胴

やり方

遠い間合から一足一刀の間合に入る。
相手が面を打突してきたところを、手元を伸ばして竹刀で受け、素早く手を返して胴を打突する

- ①　　遠い間合から相手を攻めて、一足一刀の間合に入り、
- ②〜③わずかに右前へ出ながら、相手の面打ちを手元を伸ばして受ける
- ④〜⑤素早く手を返して、胴を打突する
- ⑥　　打突後は相手の横を抜け、残心をとる

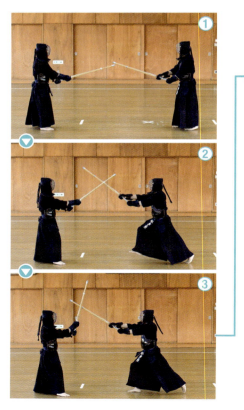

118

なぜ必要？

打突を受けてから反撃するまでの素早い動作の切り替えを身につける

返し技は、相手の打突に対して出ばな技で対応する時間がないとき、すり上げるように相手の打突に応じ、すかさず手を返して打つ技。相手の打突を「受け止める」のではなく、「応じる」という意識をもとう。「受けてから、素早く動作を切り替えて反撃する」動きを身につけるためにも、返し技の稽古が有意義になる。

ポイント

手元を伸ばして体の前で面を受ける

面打ちを受けるときは手元を伸ばして、体の前で受ける意識をもとう。自分の面の近くで受けようとすると、面を打たれやすくなり、間合も詰まって技が決まりにくくなる。また、「受ける→前腕を返す→打つ」といった一連の動きを、一拍子でできるようにする。そのためにも、右足をやや右前に出しながら受けの体勢に入り、次の胴打ちの踏み込みにするとよい。

Extra

返し技とは

相手の打突を竹刀で応じ、素早く手を返して、応じた側と反対側の部位を打突する技。「受ける→手首を返す→打つ」というながれを、ひとつの動きにして素早く行うことが大切。ここでは紹介していないが、「面返し面」「小手返し面」なども稽古しておくと戦い方の幅が広がる。

ワンポイントアドバイス

≫ 相手の打突は竹刀の前方で受ける

返し技は、相手の打突を竹刀の先の方で受けることを心がけよう。
竹刀の元に近い部分で打突を受けると、間合が詰まって相手を打突できないので注意。

【「面返し胴」の返し方】

▼相手（手前）の面打ちを前方で受け、
素早く手を返して胴を打突する。受けてから打突するまでを一拍子で行う

119

応じ技　抜き技

斜め前へ体をさばいて相手の打突を抜いて打つ

Menu 047 面抜き胴

難易度 ★★★★

上達する能力
- 間合
- 打突の機会
- 体さばき
- 手の内の冴え

やり方

遠い間合から相手を攻めて、一足一刀の間合に入る。
相手の面打ちを右斜め前へわずかに踏み出して
抜き（空を打たせ）、素早く手を返して胴を打突する

① 遠い間合から一足一刀の間合に入り、相手を攻めて面に誘う
②〜④ 相手が面を打ってきたところを、右斜め前へ
　　 わずかに踏み出して抜く（空を打たせる）
⑤〜⑦ 素早く手を返し、竹刀を左肩から出すようにして胴を打突する
⑧ 相手から目を離さないようにして、横を抜けて残心をとる

Extra

抜き技とは

打突してきた相手の竹刀と自分の竹刀を接触させず、状況に応じて相手の打突を余したり（体を引いて距離をとる）、体をかわしたりして（方向を変える）、相手に空を打たせ、技や体が尽きたところを打つ技。

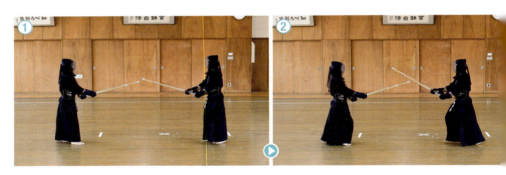

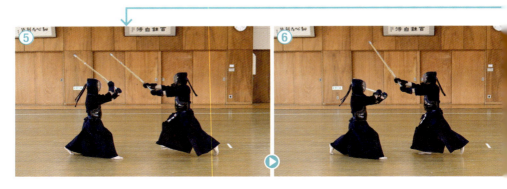

⚠️ ポイント

体勢を崩して よけるのではなく 体をさばいて 空を打たせる

相手の面打ちを抜くときは、体を曲げたり、姿勢を崩してよけるのではなく、右斜め前へ体をさばいて空を打たせること。打突を抜くときに姿勢が崩れると、すぐに次の打突動作に移れない。相手から目を離さないようにして体をさばけば、姿勢が乱れることはない。また、胴打ちは自分の左肩から竹刀を出すイメージをもつと、しっかり手が返って、刃筋正しい打突ができる。

▲相手から目を離さず、体をさばいて面打ちを抜いているので、正しい打突姿勢で、刃筋正しく胴を打突できる

▲竹刀をよけようとして、姿勢が崩れると、横から胴を打つ（平打ち）など、正しい打突ができない

右斜めへ踏み出して、面打ちを抜く

応じ技　抜き技

竹刀を真上に振り上げて小手打ちを抜く

Menu **048** 小手抜き面

難易度 ★★★★

上達する能力
▶ 間合
▶ 打突の機会
▶ 体さばき
▶ 手の内の冴え
▶ 打突の強度

やり方

遠い間合から一足一刀の間合に入り、相手が小手を打ってきた瞬間に、竹刀を真上に上げて小手打ちを抜く。そのまま踏み出して、技が尽きたところを面を打つ

① 遠い間合から相手を攻めて、一足一刀の間合に入る
②〜③ 相手の小手打ちを、竹刀を大きく振り上げて抜き、
④〜⑤ 相手の技が尽きたところを、面を打つ
⑥ そのまま相手の横を抜け、残心を示す

わずかに右足を浮かせる

ワンポイントアドバイス

≫ 竹刀を上げながら右足を浮かせ面打ちの踏み込みを早くする

小手打ちを抜くときに、竹刀を振り上げながら右足をわずかに浮かせて、面打ちの踏み込みに生かすと、素早い打突が可能になる。「抜いて打つ」のではなく「抜きながら打つ」ことを心がけよう。

122

❌ ここに注意！

左こぶしを額の前まで上げ大きな振りかぶりで抜く

竹刀を振り上げて小手を抜くときは、左こぶしが額の前にくる高さまで振りかぶる。振り上げが中途半端だったり、左こぶしを前へ出して抜くと、小手を打たれやすいので注意しよう。

◀ 左こぶしが額の前へくる高さまで竹刀を振り上げる。素振りと同じイメージ

◀ 左こぶしを前へ出して竹刀を振り上げると、小手を打たれやすくなる

❗ ポイント

竹刀の振り上げと振り下ろしを一拍子で

小手打ちを抜かれた瞬間、相手は手元が伸びて、隙ができた状態になる。この相手の技が尽きたところが打突のチャンスになるので、素早く面を打とう。そのためには、竹刀の振り上げと振り下ろしの動きをひとつにして「一拍子のリズム」で行えるように稽古をしよう。

応じ技　打ち落とし技

竹刀をしっかり打ち落とし相手を崩して打突する

ねらい

Menu **049**　胴打ち落とし面

難易度 ★★★★★

上達する能力
- ▶ 間合
- ▶ 打突の機会
- ▶ 体さばき
- ▶ 手の内の冴え
- ▶ 打突の強度

やり方

遠い間合から一足一刀の間合に入り、相手の胴打ちを左斜め後ろへ体をさばきながら打ち落とす。体勢を崩した相手の面をすかさず打突する

① 　遠い間合から相手を攻めて、一足一刀の間合に入り、
②〜④相手の胴打ちを左斜め後ろへ下がりながら打ち落とす
⑤〜⑥素早く踏み込んで、体勢の崩れた相手の面を打突する

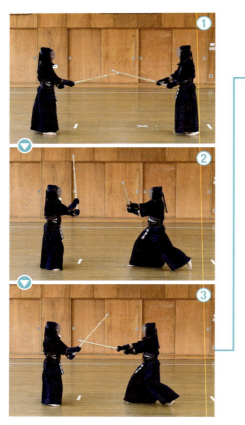

左斜め後ろへ下がりながら、胴打ちを打ち落とす

!ポイント
体をさばきながらも左こぶしを正中線上に

竹刀を打ち落とすときのポイントは、体をさばきながらも相手に正対し、体の中心線上で竹刀を振り下ろすこと。そのためには、左こぶしがつねに正中線上になければならない。また、竹刀の物打で、相手の竹刀の真ん中あたりをしっかり打ち落とすことも大切。打ち落としと打突をスムーズに連動させ、相手が体勢を立て直す前に面を打突する。

【胴打ちの打ち落とし方】

▼左斜め後ろへ体をさばきながら、相手の胴打ちを体の中心で打ち落とす。相手の竹刀の真ん中あたりをねらい、物打でしっかり打ち落とそう

◀ 体をさばかずに、打ち落とそうとすると、胴を打たれやすくなるので注意

物打で相手の竹刀の真ん中あたりを打ち落とす

斜め左後方へ体をさばきながらも、相手に正対する

? なぜ必要?
鎬と刃、両方での応じ方を身につける

打ち落とし技は、相手の竹刀を上から打ち落として構えを崩したり、打突の勢い止めて、隙のできた相手を攻める技。切り落とし技とも呼ばれる。他の応じ技の「すり上げ技」や「返し技」が、鎬を使って応じるのに対し、打ち落とし技は刃部を使って打ち落とす。このように応じ方には「鎬」と「刃」を使う方法があることを知り、適宜、どちらも使えるように稽古することが大切。

応じ技　打ち落とし技

前に出ながらの打ち落としを覚える

ねらい

Menu 050　小手打ち落とし面

難易度 ★★★★

上達する能力
- ▶ 間合
- ▶ 打突の機会
- ▶ 体さばき
- ▶ 手の内の冴え
- ▶ 打突の強度

やり方

遠い間合から一足一刀の間合に入り、
相手の小手打ちを小さく踏み込んで打ち落とし、そのまま面を打突する

① 　遠い間合から相手を攻めて一足一刀の間合に入り、
②〜⑤ 相手の小手打ちを、小さく踏み込みながら打ち落とす
⑥〜⑦ 前へ出た勢いを生かし、そのまま構えの崩れた相手の面を打突する
⑧ 　相手の横を抜けて残心をとる

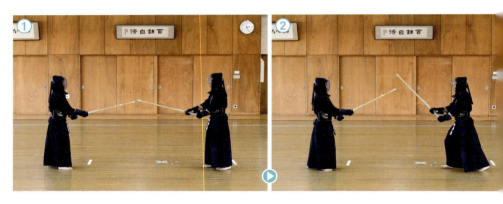

小さく踏み込んで
小手打ちを打ち落とす

126

⚠ ポイント
踏み込みを小さくして打突しやすい間合をつくる

小手を打ち落とすときは、踏み込みが大きすぎると相手との間合が詰まり、面が打ちにくくなる。適度な距離を保てるよう、わずかに前へ出る（小さく踏み込む）ようにしよう。物打で相手の鍔元をしっかり打ち落としたら、前へ踏み込んだ勢いのまま、動作のながれを止めずに打突までつなげることが大切。

Level UP!
体を左にさばいておけば打ち落としがしやすい

小手打ち落とし面は、左斜め上から斜めに振り下ろして、相手の竹刀を打ち落とす。そのため、相手に正対した状態よりも、やや左へ体をさばいておいたほうが、上から強く、正確に打ち落としができるようになる。このような体さばきを使うパターンも稽古に取り入れると、ワンランク上のスキルが身につく。

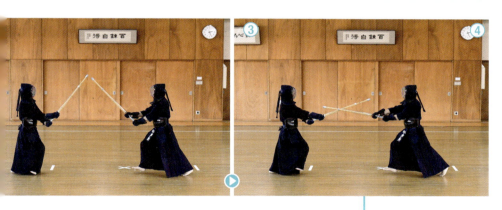

127

ここでは私が講習会や出稽古などで、
一般の方たちから実際に寄せられた質問を紹介します。
基本技術から実戦での心がまえまで、多くの剣士が悩む点、
つまずきやすい点をピックアップしました。
上達のヒント、稽古の参考にしてください。

 足さばきがスムーズに行えず、体が上下動する

 **前への移動は後ろ足で前足を進める意識で。
後ろへの移動は、前足の指でしっかり床を押す**

まずは構えたときの正しい足の位置（P12～参照）を確認してください。とくに姿勢を正そうとして右膝が伸びすぎると、それが「つっかえ棒」になりスムーズな動きができません。右膝はやや緩め、相手の方へ向けてください。正しい足の構えができたら、実際の足さばきについて解説します。剣道で最も多く用いられる足さばきは、すり足が基本となる「送り足」です。あらゆる方向に素早く移動する場合や、遠間から打ち間に攻め入る場合などに使われます。前へ移動する場合、通常は前足を先に踏み出し、直ちに後ろ足を引きつけます。しかし、この方法では後ろ足の引きつけが遅れ、移動のリズムが二拍子になります。そこで前への移動は、むしろ後ろ足で前足を進めるつもりで、後ろ足で床をしっかり押すような意識を持ってください。そうすればスムーズな足さばきになり、体の上下動も少なくなります。後ろへの移動は、前足の指でしっかり床を押すようにすることで、後退しながら前足の指が上がることなく、一拍子のリズムでスムーズな移動ができます。

右足の踏み込みが「戻り足」になって遠くへ跳べない。踏み込みで踵から着床して、踵が痛い。

 前足は踏み出した右膝の真下へ着床させる。右足の踵を踏み込みの反動でわずかに上げる

打突時の踏み込み足は、前の質問の送り足が発展したものです。あまり前足を遠くへ出そうとすると戻り足になります。自分の打ち間（間合）まで攻め入り、腰を水平移動させながら、左足で床を押すように踏み切って右足を進め、右膝の真下に足の裏全体で踏み込みましょう。右足の踵を踏み込んだ反動でわずかに上げるようにすると、踏み込みの心地よい音がして、自然に左足も引きつけられ、打突時、打突後の姿勢もよくなります。この方法ならば、踵の痛みも少なくなると思います。

 打突時に左足が跳ね上がってしまう

 左足は蹴るのではなく、床を押す意識で

踏み込み足の指導において、よく「左足で蹴れ」という指示を耳にします。しかし、あまり左足で蹴る意識が強すぎると、かえって「跳ね足」になり、腰が引けた悪い姿勢の打突になります。「蹴る」のではなく、しっかりと左足で支えて「床を押す」というイメージをもったほうがいいでしょう。

 面を打ったときに頭が下がり、腰が引ける

 打突時に目線が下を向くと、打突の勢いがなくなる

面を打ったときに目線が下を向くと、頭が下がる、腰が引けるなど体勢が崩れてします。打突時も打突前後も、目線の高さを変えないことが重要です。つねに「遠山の目付（P27参照）」（相手の顔を中心として全体を見る）を心がけましょう。とくに若い方たちの試合を見ていると、速く打突しようとして体が前傾し、目線が下がりがちです。目線が下を向くとそこで打突が止まり、勢いがなくなります。いつも相手の目を見たまま、目線の高さを変えないことで、打突に勢いが出てきます。

右手打ちを矯正したい

 左手で右手を上げる意識で、素振りを繰り返す

右手打ちは、素振りによって矯正します。竹刀を振り上げるときは、左手で右手を上げる意識をもちましょう。何回もこの素振りを行うことで矯正できます。また、稽古や試合で相手の竹刀をおさえて中心をとるときに、右手でおさえると右手打ちになりやすい傾向があります。この場合も竹刀の重さを利用して、左手を意識して使うようにしましょう。さらに実戦での面打ちや小手打ちなど、小さな打ちにおいても、左手から先に始動するようにします。とくに「出ばな小手」のような振りの小さな打ちでは、左手から始動するよう心がけてください。

 一拍子の打突を身につけたい

 「気・剣・体」一致の打突をマスターする

一拍子の打突を修得するためには、「気・剣・体」一致の打突をマスターしなければなりません。まず、腹式呼吸で肩の力を抜いて下腹部に気を溜め、いつでも打突動作を行える「気構え」「身構え」をつくります。剣道は「気が先で、技は後」です。「技が先で、気が後」の打突は、手打ちになり迫力に欠けます。つまり相手より「先」の気持ちを持つことが重要です。そして上肢より下肢の動きが先です。

素振りをすり足で行う場合も、右足を出しながら振り上げ、左足の引きつけと同時に振り下ろします。上肢の振り上げと振り下ろしの動作と、下肢の踏み込みと引きつけの動作を一拍子で行えるようにします。踏み込み足で打突する場合は、右足が床を踏み込む音と打突音が同時に聞こえるようにしましょう。こうした「気・剣・体」がひとつになってこそ、観客にも感動を与える見事な一本が決まります。

Q 冴えのある打ちをしたい

 A 攻めて打ち間に入り、溜めて打つ

冴えのある打ちは、太鼓の叩き方とよく似ていると思います。力まずに手首をやわらかく使い、打った（叩いた）瞬間に反動で竹刀（バチ）が自然に上がるような打突が理想的です。それを象徴するのが、打ちの「強さ」と「痛さ」の違いです。手の内のよい人は、どんなに強く打っても相手は痛くありません。逆に手の内が悪い人から打たれると痛く感じます。構えた位置から竹刀を直線的に打突部位へもっていくような打ち方は通用しません。小さな打ちでも、竹刀の先がしっかり振れていれば打突に冴えが出ます。例えるなら、面の上に止まっているハエを、打てる距離まで近づき、ハエ叩きで叩くような打ち方がよいと思います。つまり攻めて打ち間に入り、溜めて打つということです。初心者の方は、まず短い竹刀（小刀）を使って右手だけで、右足の踏み込み動作と合わせて、打つ稽古行うことが効果的です。

 Q 試合でなかなか一本がとれない

 A 打突の機会をとらえて打突する

剣道は対人技能が主です。したがって試合や審査で一本をとるには、まず基本動作、応用動作をしっかりと身につけ、次に打突の機会をとらえて打突する稽古を心がけてください。試合で一本になる場面は、すべて打突の機会をとらえて打突しています。相手に打突の機会（隙）がなければ、攻めて相手を崩し、打突の機会をつくらなければなりません。おもな打突の好機は「技の起こり」「技の尽きたところ」「居ついたところ」「引いたところ」「技を受け止めたところ」などです。また、自分が有利な状態を少しでも長く保てるように、相手より気持ちのうえで余裕をもってつねに稽古することも重要です。

131

試合や審査当日の注意点は？

自分の剣道に自信をもつ。
そして「人事を尽くして天命を待つ」の境地で

試合当日は時間に余裕をもって早く起きましょう。また、竹刀や剣道着・袴・剣道具は前日から不備のないように準備します。極度に緊張する人がいますが、相手も緊張しています。「自分以上に相手は緊張している」と考えれば、心も落ち着くのではないでしょうか。試合や審査にのぞむときは、あまり余計なことを考えすぎないことです。「大きな声を出す」「後ろへ下がらない」など、自分ができることをしっかりとやりましょう。そして「来るなら来い」という気持ちで、自分の剣道に自信をもつことが最も重要だと思います。自分の剣道を信じるには、普段の稽古での努力が必要です。そのうえで「人事を尽くして天命を待つ」という境地で、堂々と試合や審査にのぞんでもらいたいと思います。

剣道着、袴、剣道具を購入するときの注意点は

体のサイズに合ったものを選ぶ

体のサイズに合った剣道着や剣道具を身につけることによって、動きやすく、姿勢もよくなり、剣士としての風格がかもし出されます。
●剣道着／あまり大きすぎると背中がふくらんだり、前の合わせの部分が開き気味になります。とくに袖の長さは、中段に構えたときに肘関節が完全に隠れるものを着用しましょう。ただし、長すぎて小手ぶとんにかかるものはよくありません。
●袴／くるぶしが隠れる程度とし、長すぎても短すぎてもよくありません。
●面／横金の上から6本目と7本目の間の「物見」と、目の位置が合っていることが大切です。物見がずれると姿勢が悪くなります。面ぶとんは肩関節を保護する長さが必要です。
●小手／小手ぶとんの長さが、肘から手首の最長部の2分の1以上あるものを着用しましょう。
●胴／少年少女や女性の方で、大きすぎる胴をつけている人をよく見かけます。胴は大きすぎると動きにくくなります。また、逆に胴が小さすぎると、竹刀が首や胸に入りやすくなって危険です。
●垂／垂も体のサイズにあったものを選びましょう。また、前帯はやわらかいものが締めやすく、使いやすいと思います。

第4章
実戦を想定した練習法

ここまで身につけた技術を
いかにして試合の中で発揮するか。
本章では、試合を想定した練習法を紹介していく。

打突のスキルアップ

下肢と上肢を連動させ打突に勢いをつける

Menu **051** 打突に勢いをつける稽古法

難易度 ★★★★☆

上達する能力
- ▶ 間合
- ▶ 打突の機会
- ▶ 体さばき
- ▶ 手の内の冴え
- ▶ 打突の強度

やり方

遠間から足を使って自分の打ち間に入り、大きく踏み込みながら、大きな振りかぶりで面を打突する

① 4～5mの離れた位置で、ふたりが向き合って構える
②～③遠くから相手を攻めるつもりで、足を使って勢いよく前へ進む
④～⑥遠間から大きく踏み込み、大きな振りかぶりから面を打突する
⑦～⑧そのまま前へ進んで残心をとる

❓ なぜ必要？

打突の勢いがないと速さや気迫のない打ちになる

剣道の有効打突の要件の中に「充実した気勢、適正な姿勢で打突」するとある。つまり気勢は気の勢いであり、姿勢は姿の勢いのこと。この稽古法により姿（体）の勢いはもちろん、気の勢いも身につけることが重要である。

❗ ポイント

大きく踏み込み、大きく打つ、下肢と上肢を連動させる

面打ちは、前へ長く出ながら打つことで、体で打突に勢いをつけることが身につく。これは試合などで「小さく、瞬間的に」打突できるようにするためのステップでもある。また、大きな踏み込むみで下肢と上肢が連動することでも、打突に勢いがつく。竹刀の振り上げを大きくし、大きく打つことを意識しよう。

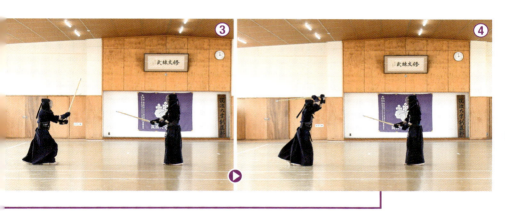

打突のスキルアップ
足と上体の連動、打突の速さ手の内の冴えを身につける

Menu 052 面の追い込み

難易度 ★★★★☆

上達する能力
- ▶ 間合
- ▶ 打突の機会
- ▶ 体さばき
- ▶ 手の内の冴え
- ▶ 打突の強度

やり方

「打突間を速く打つ追い込み」は、前へ出て相手を追い込みながら、短い間隔で面打ちを繰り返す。
「一本一本を打ちきる追い込み」は、前へ出ながら大きくのびやかに面を打つ

【打突間を速く打つ追い込み】

一足一刀の間合から面を打突し、そのまま相手を追い込みながら、連続して短い間隔で面打ちを繰り返す。

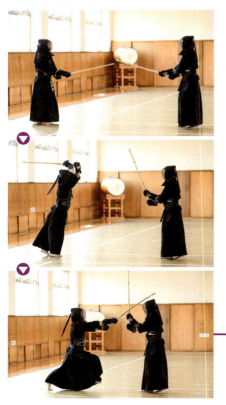

左足を素早く引きつける

⚠ ポイント
足と上体の連動した動き、素早い左足の引きつけを意識する

打突間を速く打つ追い込みは、足と上体の動きを連動させて、速く、強い打ちができるようにするための練習法。打突時の素早い左足（後ろ足）の引きつけや、足と上半身のスムーズな連動を意識しながら行う。左足の引きつけを「小さく、速く」することで、打突にスピードが出る。ただし、引きつけたときに両足が平行に揃うと、次の動作への移行が遅くなる。

⚠ ポイント
打突後に上半身の力を抜くことで、速い打ちと手の内の冴えが身につく

一本一本を打ちきる追い込みは、大きく上体を伸ばして打つことで、打突後に上半身の力を抜く練習。上半身の伸びをつくることで力みがなくなり、次の打突へスムーズにつながる。また、力むと手の内の冴えも出ない。面を打った後は竹刀を大きく跳ね上げず、自分の鍔が見える範囲で竹刀を止め、そこから振り上げるようにしよう。

【一本一本を打ちきる追い込み】
一足一刀の間合から面を打突し、相手を追い込みながら、大きく伸びやかに面を打つ。

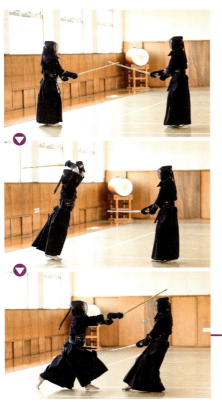

打突後はしっかり腕を伸ばして脱力する

打突のスキルアップ

技の尽きるところをつくらない
（ねらい）

Menu 053 動作の切り替えを早くする稽古法

難易度 ★★★☆☆

上達する能力
▶ 間合
▶ 打突の機会
▶ 体さばき
▶ 手の内の冴え
▶ 打突の強度

やり方

打突の動作を素早く切り替える稽古。切り返しや連続技、受け止めた所など、「初太刀の打突が不十分なら次を攻める」という意識を植え付け、技が尽きないようにする。ここではその一例として5つのパターンを紹介する。

【連続した速い切り返し】

左面打ちがだめなら、すぐに切り替えて右面を打つ、素早い切り返しの練習法。
前へ出ながら、左右の面を1回ずつ打って1セット。左面、右面を一息で打つようにしよう。

左面を打突する

すぐに切り返して右面を打突

❓ なぜ必要？

相手のチャンスになる打突の尽きた状況をつくらない

剣道では打突の速さも大切だが、それ以上に大事なのが、素早い動作の切り替えで「縁を切らない」（攻めるときに1回1回、技が途切れたり、技の後で動きが止まるような「打突の尽きた」状況をつくらない）こと。縁を切ってしまうと、相手のチャンスとなって打たれてしまう。こうした稽古で次々に技を出し、相手にプレッシャーをかけ続けるクセをつけよう。

❗ ポイント

右を打ってだめなら左を続けて攻める意識を植えつける

1回目の打突がきまらなくても、瞬間的に次の打突動作に入れるように、稽古のときから習慣づけることが大切。1回目の打突が、次の打突の機会になっていると考えればよい。「右を打ってだめなら左を」といった意識を徹底させよう。切り返しの練習もこの意識で行えば、自然と打突にスピードが出る。また、いずれの稽古も、打突後に止まったとき、左右の足の間隔が狭すぎるとバランスを崩しやすいので注意する。

【かけ声をかけながらの切り返し】

「1（イチ）」のかけ声で左右の面を連続して打ち、一度動きを止める。
ひと息で「メンッ」「メンッ」と声を出しながら打突する。

右面を打つ

続けて左面打ちへ

ひと息で左右の面を打突し、動きを止める

P140へ続く

打突のスキルアップ

Menu 053 動作の切り替えを早くする稽古法

【胴打ちから面打ちの連続技】

胴打ちがきまらないとき、素早く手の内を返して面を打つ。
手の内の返しを速くして、縁を切らないようにする。

【胴打ちを止められて面打ち】

胴打ちを相手に打ち落とされても、すぐに手を返し、続けて面を打つ。
技が尽きた状況にしない。

【小手打ちを止められて面打ち】

小手打ちを相手に打ち落とされても、すぐに踏み込んで面打ち。相手に反撃する余地を与えない。

ワンポイントアドバイス

≫ 受ける側も、相手の技が尽きたら反撃するつもりで稽古する

「技が尽きたところは打突の好機になる」。このことを打つ側も受ける側も意識して稽古しよう。受ける側も漫然と打たれるだけではなく、相手の技が尽きたら、すかさず打ち込むような気持ちをもつことが大切。

技が尽きないように、すぐに面を打突する

縁を切らないように、すぐに面打ちへ

縁を切らないように、面を打突する

戦術、戦略を身につける

つねに相手よりも先んじて攻め、優位に立って戦う

ねらい

難易度 ★★★★☆

上達する能力
- ▶ 間合
- ▶ 打突の機会
- ▶ 体さばき
- ▶ 手の内の冴え
- ▶ 打突の強度

Menu 054 つねに「先(せん)」をとる稽古法

やり方

遠い間合から「はじめ」のかけ声で始める。お互いに一本勝負のつもりで「先」をとり、どちらかが一本をとるまで打ち合う稽古法。1回15〜25秒ほどの時間に区切り、数回行う。一本をとったらそこで終えて、今度は相手を変えて続ける。

? なぜ必要?

「先をとる」は剣道の重要ポイント

「先をとる」とは、事前に相手の攻撃をおさえて技を仕かけること。剣道ではとても重要なこととされている。先がとれる人は相手の一手先が読め、つねにゆとりをもった剣道ができる。

ポイント

打った後も気構え、身構えをもち、つねに先をとる意識を植えつける

この稽古では、お互いに合気になり、一本勝負のつもりで、縁を切らないことを心がける。そして短い時間の中で、一気に技を出し切るようにしよう。仕かけ技、応じ技も使い、打突後も気構え、身構えをもち続けることが大切。どのような状況でも、先をとる意識を自分に植えつけよう。とくに若い人には効果のある練習法で、常に先をとることを意識することを心がけよう。

ワンポイントアドバイス

» お互いの気を合わせてから打ち合う

この稽古の立ち合いは、勝手に打ち合うのではなく、お互いの気持ちを合わせて、合気(あいき)になることが大切。気を充実させて、遠い間合から打間へ入り、いつでも打てる気構えと身構えで、打突の機会をねらう。そしてお互いの気が満ちたときに、一気に打ち出すようにする。約束として、初太刀はお互いに「先」をとって面を打つこととする。

▲先をとる気持ちをもって相手を攻めながら、お互いに気を合わせて、気を充実させてから打っていく

戦術、戦略を身につける

さまざまな攻め方を覚えて戦い方を豊かにする

Menu 055 いろいろな攻め方を身につける

難易度 ★★★☆☆

上達する能力
- 間合
- 打突の機会
- 体さばき
- 手の内の冴え
- 打突の強度

剣道は「いつでも打っていける」という身構えと気構えで、つねに相手を攻めなければならない。ここでは足や竹刀を使った攻め方や、具体的な攻めの手法を紹介する。

いろいろな攻め方1　鎬(しのぎ)を使って攻める

鎬を使った攻めは、剣道の攻め方の基本ともいえる。剣先で相手の中心をとるようにし、相手の竹刀が自分から見て右側へこないようにする。

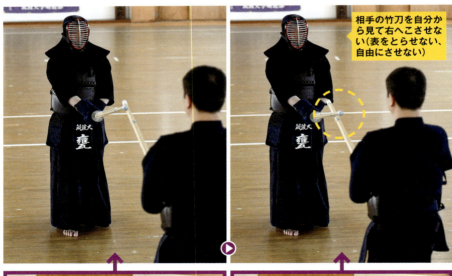

相手の竹刀を自分から見て右へこさせない（表をとらせない、自由にさせない）

▲一足一刀の間合から

▲鎬を使いながら近間(ちかま)に入る。ここまでくると「打ち間」でもあるので、前へ出ながら打突動作をとってもいい

ポイント
鎬を使って相手の鍔元を攻める

剣先で中心をとりながら相手の竹刀をおさえ、鎬を使って打ち間に入っていく。剣先を下げながら、相手の鍔元へ足を使って入り、鍔元をおさえるイメージをもとう。こうして、へそのあたりを攻められると、相手は恐怖感をもち、嫌な状況と感じる。また、剣先を下げて竹刀が入ってくると、相手からは竹刀が見えにくくなり、竹刀の動きもわかりにくい。こうした点も相手へのプレッシャーになる。

ワンポイントアドバイス
≫ 手だけを前へ出そうとすると腰が引けて打突が遅くなる

攻めて打ち間に入ってから打突までを、スムーズな動きにしよう。このとき大切なのは、左こぶしとへその間隔は変えずに、足で前へ攻めていくこと。手だけを前へ出すと腰が引けて、次の打突動作に素早く入れないので注意。

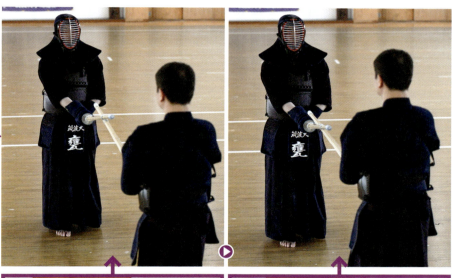

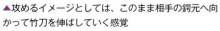

▲攻めるイメージとしては、このまま相手の鍔元へ向かって竹刀を伸ばしていく感覚

戦術、戦略を身につける

Menu 055 いろいろな攻め方を身につける

いろいろな攻め方2　足で攻める

右足は「攻め足」ともいわれる。右足でサッと大きく出たり、小さく出たり、フェイントをかけるなど、右足を自由に使いながら相手の反応をみる。

【足で相手を誘う】

相手を右足で誘う攻め方は、相手の反応によってその後の対応が変わる。具体的な方策は右ページの2つの項目を参照。このときの足さばきは、すり足が基本。左足は小さく継ぐ（引きつける）ことが大切になる。

① 一足一刀の間合から
② 右足をすり足でわずかに前へ出し、相手を誘う。ここで相手の反応をみて、次の動作を決める
③ 相手の反応がない場合や、相手が下がるときは、小さく左足を継いで（引きつけて）、状況を読む。左足を大きく継ぐと、打ち出すまでに時間がかかり、逆にそこを打突される可能性がある

ワンポイントアドバイス

» **右足で誘いながら、相手の反応を観察する**

右足をわずかに前へ出して誘い、相手が下がるのか、竹刀をおさえるのかなど、相手の反応や動作の癖を観察する。試合中、何度かこうしたことを繰り返し、攻め口をみつけていく。

❌ ここに注意！

継ぎ足で両足を揃えない

左足を継ぐ（引きつける）ときに、両足が横に揃ってしまうと、体のバランスが不安定になり攻め込まれやすい。また、次の打突動作にもすぐに入れないので注意。

①

【足の動き】

②

③

【足で誘って打ってくる相手には】

右足で相手を誘ったときに、相手が打ってきた場合は、左足を継がずに、出ばな技をねらう。右足を前へ出したら、いつでも打てる気構えと身構えがないと遅れてしまう。また、出ばな技を出すのが遅れたときは、応じ技で対処する方法もある。

▲右足で相手を誘う　　　　　　　▲相手が打ってきたときは、左足を継がずに、そのまま踏み込んで打突する

【足で誘って相手の反応がない場合。わずかに下がる相手には】

右足を出しても相手に反応がない場合や、相手がわずかに下がるようなら、左足をわずかに継ぎ、さらに攻めるか、打突するかの状況判断をする。なお、反応のない場合、相手が居ついていると判断したら、すかさず打突していく。

① 　　右足を前へ出すと、相手が後ろへ下がる
② 　　左足を小さく継いで、さらに相手の反応をみる
③〜④相手に隙があれば、すかさず打ち込んでいく

戦術、戦略を身につける

Menu 055 いろいろな攻め方を身につける

いろいろな攻め方3 二段、三段の攻め

これも右足での攻めのひとつ。一回での攻めが相手に効いていないと感じたら、二回、三回と小刻みに攻めて、相手を崩す。

▲一足一刀の間合から　　　　　　　　　▲右足をわずかに前へ出して相手を誘う

いろいろな攻め方4 線と点で攻める

「線で攻める」とは、遠間からなめらかに打ち間へ入って打突すること。「点で攻める」とは、相手に線で攻めさせ、一点に集中して出ばな技でしとめること。どちらの攻め方もできるように、つねに稽古でも意識しておこう。

【線で攻める】

自分から素早く打ち間に入っていき、一気に打突する。攻めと打突をスムーズにつなげることが重要。例えれば、導火線を火が移動していき、やがて発火するようなイメージ。相手を押し込む気迫と勢いが大切。

▲一足一刀の間合から　　　　　　　　　▲飛行機が滑走路を離陸するようなイメージで、一気に素早く、なめらかに打ち込んでいく

なぜ必要？

こちらの打突パターンを相手に読ませない

右足での誘いが単調になり、いつも同じような動きをしていると、相手はそこをねらって出ばな技を仕かけてくることもある。相手の打突の機会、タイミングをずらす意味でも、こうした二段、三段の攻め方は効果的。

また、右足の動きがあるたびに、相手は「いつくるか」「次はくるか」などと考え、心が居ついてしまうこともある。相手が居ついたらそのまま打ちにいき、相手が誘われて出てきた場合は、先をとって出ばな技を仕かける。

▲小刻みに数回、右足で攻め、相手の心の動揺を誘う

▲相手が居ついている場合、隙があるときは、一気に間合を詰めて打突していく

【点で攻める】

線で攻めてくる相手に対して自分は動かず、その場の一点で打ち、きめる手法。点で攻めるには、いつでも打てる身構え、気構えがなければならない。そのためには、自然体の姿勢や心の準備が大切になる。

▲相手を攻めて引き出し、線で攻めてくる状況に誘う。相手が前へ出てきたら、先をとって技を仕かける

▲その場で、一点に集中してきめる。「線」で攻めてくる相手には、こうした「点」での攻めが有効

ワンポイントアドバイス

≫ 線の攻めには点で対処

線の攻めに対して、こちらも線で攻めると、なかなかお互いに技が決まることが少ない。間合が詰まりすぎるケースも多くなり、打突もしにくくなる。線には点で対処しよう。

戦術、戦略を身につける

Menu 055 いろいろな攻め方を身につける

いろいろな攻め方5

相手の手元のかたさ、やわらかさで攻め方を変える

剣先で相手の剣先に触れると、手元のかたい、やわらかいがわかる。その特徴にあった攻め方を覚え、どんな相手にも適応できるようにしておこう。ちなみに、手元はかたいよりは、やわらかいほうがいい。攻めるときは相手をおさえる強さをもち、攻められたときは柔軟にし、いつでも技が出せるような手元が理想的。

手元がかたい相手には

▼手元がかたい相手は、剣先をおさえると押し返してくる

▲剣先で相手の剣先に触れて、手元のかたさをさぐる

▲相手が押し返してきた力を利用して竹刀を振り上げる

▲そのまま踏み込んで打突する

❓ なぜ必要？

手元のかたさがわかれば相手に適した攻め方が選べる

相手の剣先に触れることにより、上級者になると相手のねらいや、手元のかたさなどを、いち早く察知することができる。こうして相手を知り、攻めの糸口をさぐるのが、試合に強い人の共通点でもある。剣先の感触がかたい人は手元がかたく、こちらが竹刀で押したり、おさえると、すぐに反発してくる。このようなタイプには、押し返してくる力を逆に利用し、隙ができたところを打突する。剣先の感触がやわらかい人は、手元もやわらかい。表からの打ち落とし技、裏からの払い技などが効果的になる。どちらのタイプにも対処できるよう、稽古のときから剣先での感触を意識して、より多くのものを感じとれるようにしよう。

手元がやわらかい相手には

ケース1　打ち落とし技で攻める

◀手元がやわらかい相手には、表からの打ち落とし技も有効

ケース2　裏から払って打突

◀裏からの払い技も、手元がやわらかい人には効果的

👆 ワンポイントアドバイス

» 剣先の感触は背中で感じる

相手の竹刀に触れたときに、その感触を腕で感じとるのではなく、背中（肩甲骨）で感じるようにしよう。腕で感じようとすると腕に力が入るので、続けてスムーズな打突ができない。背中に意識がいけば腕の力や肩の力が抜け、腹部に力もたまるので、よい打突ができる条件が整う。

状況に応じた戦い方を身につける

気迫と足で相手を攻めて下がるところを打突する

ねらい

Menu 056 攻め込みながらの打突

難易度 ★★★☆☆

上達する能力
▶ 間合
▶ 打突の機会
▶ 体さばき
▶ 手の内の冴え
▶ 打突の強度

やり方

気迫をみなぎらせ、前へ出ながら足を使って相手を攻め、下がった相手を追い込んで打突する。
ここでは面打ちと小手打ちを紹介している。

【相手を攻めて面打ち】

▲遠い間合から一足一刀の間合に入り、足を使って相手を攻めていく

▲気迫を前面に出しながら攻め、相手を後ろへ追い込んでいく

【相手を攻めて小手打ち】

▲遠い間合から一足一刀の間合に入り、気迫をみなぎらせて相手を攻める

▲足も使って相手を攻め、後ろへ追い込んでいく

ポイント
気迫を込めて相手を追い込む

前へ出ながら足を使って相手を攻めた状況で、相手が下がったときを想定した面打ち、小手打ちを行う。とくに小手打ちは、相手を押し込んで面を打突するようにみせかけ、小手を打突する。自分の気迫を壁にするようなつもりで前面に出しながら、相手を後ろへ退かせるように攻めていくことが大切。繰り返し行うことで、足腰の鍛錬にもなる。

ワンポイントアドバイス
「攻める・打つ」ではなく「攻め打つ」

相手を気迫と足で攻める動きと、その後の打突をいかにスムーズにつなげるかも、この稽古のテーマになる。「攻める」と「打つ」が分かれた状態ではなく、ひとつのながれの中で「攻め打つ」といった形になっているのが理想的。足と上半身のスムーズな連動を目指そう。

▲下がる相手をさらに追い込み　▲打突の機会をとらえたところで面を打つ

▲面を打つと思わせ、相手の手元を上げる　▲手元の上がったところで、すかさず小手を打突する

状況に応じた戦い方を身につける

攻め込まれて下がりながら相手の打突を応じ技で返す

ねらい

Menu 057 攻め込まれている場合の打突

難易度 ★★★★★

上達する能力
- 間合
- 打突の機会
- 体さばき
- 手の内の冴え
- 打突の強度

やり方

相手に攻め込まれた設定で、後ろへ下がりながら、相手の打突に応じて技を出す。
ここでは「面打ちをすり上げて引き面」「胴打ちを打ち落として面打ち」を紹介している

【面打ちをすり上げて引き面】

相手に攻め込まれて下がりながら、面打ちをすり上げて引き面を打つ。

▲相手に攻め込まれて、後ろへ下がっている状況　　▲相手が面を打ってきたところを応じる

【胴打ちを打ち落として面打ち】

攻められて後ろへ下がりながら、相手の胴打ちを打ち落として面を打突する。

▲相手に足を使って攻められ、
後ろへ下がっている状況

▲攻めている相手が胴を打ってきたところを
打ち落とす

❓ なぜ必要？

攻め込まれた状況での対応を覚える

攻め込まれてこちらが下がると、相手は有利な状況を生かして打突してくる。そこをすかさず応じて、下がりながら技を出す。このような試合でよくある場面を想定した練習も大切。後ろへ下がっている状況は不利だが、気構えでは負けないようにしよう。「これはピンチではなく、相手を引き込んでいる」「相手を誘っている」といった意識で、気持ちで負けず、技を出すようにする。攻める練習は前へ出て打つものが多いが、下がりながらでも攻められるようにしておこう。

👆 ワンポイントアドバイス

≫ 下がりながらの打突は相手を引きつけて打つ

下がりながらの打突は、腰が引けたり、正確さに欠ける場合が多い。たとえ不利な体勢であっても、十分に相手を引きつけて打つようにしよう。また、下がりながらでも、つねに打っていける身構え、気構えをもつことも大切になる。

▲相手を十分に引きつける　　　　　▲下がりながら面を打突する（引き面）

▲相手をしっかり引きつける　　　　▲下がりながら面を打突する

状況に応じた戦い方を身につける

すぐにつばぜり合いになる悪い習慣をなくす

Menu 058 つばぜり合いになる前に技を出す

難易度 ★★★★★

上達する能力
▶ 間合
▶ 打突の機会
▶ 体さばき
▶ 手の内の冴え
▶ 打突の強度

やり方

試合のなかで容易につばぜり合いになるのではなく、打突する習慣をつける。
「面に対して小手」「小手に対して面」「面抜き胴」など、打突に応じて攻めに転じるパターンを練習しておこう

【よく見られるパターン】

打突後に反撃されるのを恐れ、すぐ相手に近づき、つばぜり合いになる傾向が強い。こうした安易な発想はあらため、つばぜり合いになった瞬間や、その前に技を出していく習慣をつけよう。一例として3つのパターンを紹介する。

【相手が面を打ち、技の尽きたところを小手打ち】

相手が中途半端に技を出し、技が尽きたところに、すかさず引きながら小手を打つ。

面打ちをすり上げる

なぜ必要？ 安易なつばぜり合いは不要

最近の試合では打たれるのを怖がり、すぐ中に入ってつばぜり合いになる傾向が強い。本来、つばぜり合いは、相手との距離が接近する危険な間合。ところが現在では、休む時間や打たれる心配のない状況と勘違いしている人が多い。こうなると技も出なくなり、試合時間が長引き時間も空費される。何より試合の進め方としは好ましいものではない。そこで、安易につばぜり合にならないようにして、立ち合いの間合からの攻防を習慣づけよう。

ワンポイントアドバイス

» つばぜり合いになった瞬間は絶好のチャンスになる

相手が技を出して、つばぜり合いになる前の状態は、相手の「技が尽きる」「気持ちが居つく」瞬間になる。これは剣道において打突の好機といわれるチャンス。そこで技を出していけば効果的になる。「とりあえず、つばぜり合いになる」という発想を変えて、つばぜり合いになった瞬間をねらう、もっと良いのはつばぜり合いになる前に打突する、といった意識で稽古や試合に臨んでみよう。

【相手の小手打ちに対し、間合が詰まったところに面打ち】

相手の小手打ちに応じて面を打突。相手がつばぜり合いにする余地をなくす。

【面打ちをあまして（抜いて）胴打ち】

相手の面打ちをわずかに下がって抜き、すぐに胴を打突する。つばぜり合いになる前に、縁を切らずに技を出す。

状況に応じた戦い方を身につける

つばぜり合いから崩して打突の機会をつくる

ねらい

難易度	★★★★☆
上達する能力	▶ 間合 ▶ 打突の機会 ▶ 体さばき ▶ 手の内の冴え ▶ 打突の強度

Menu 059 つばぜり合いからの一本勝負

やり方

つばぜり合いから一本勝負のつもりで、お互いを崩して打突する。押す、押し上げる、押し下げるなど、さまざまなパターンを試して、実戦で使えるようにしておく

ポイント

試合に生かせるようにいろいろな攻め方を身につける

つばぜり合いの状態で、左こぶしを使って前後左右へ相手を崩しながら、それぞれの崩し方に合った攻め方を身につける。例えば、
- 相手の右こぶしを後ろへ押し、相手が押し返して手元が伸びた瞬間に小手打ち
- （自分からみて）左へ押して崩し、相手が押し返してきたら、隙のできた相手の右面側へ体をさばいて面打ち
- 手元を押し下げて、押し返してきた相手の手元が上がったところを引き胴

このような崩しから打突までのパターンを稽古のなかで試し、自分の得意なパターンをいくつかもっておこう。

ワンポイントアドバイス

≫ 崩すときは脇を軽く締める

つばぜり合いは剣道で唯一、体が接近して力が直接的に伝わりやすい状態。「ポイント」でも紹介したように、こちらの崩しに対して押し返してきたり、反発する相手の力を打突動作に利用すると効果的になる。また、崩しのときに重要なのが、脇をあけないこと。脇を軽く締めることで強い崩しになり、相手の当たりや崩しにも負けないようになる。

【脇を締める】

▲相手を崩すときは脇を軽く締め、相手の反発や崩しにも力負けしないようにする

【相手の力を利用する】

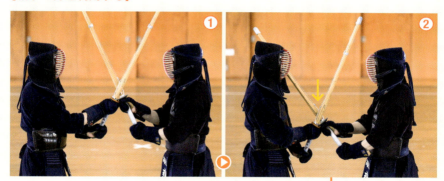

① つばぜり合いの状態
② 相手の竹刀を押し下げて崩す
③ 相手が押し返して（上げて）きた反動を利用して竹刀を振り上げる
④ 大きく手元があき、隙のできた胴をすかさず打突。相手の力を利用して勢いをつけ、一連の動作を素早く行うのがポイント

状況に応じた戦い方を身につける

限られた時間のなかでの攻め方、守り方を覚える

ねらい

Menu 060 試合時間残り30秒で一本をとる

難易度 ★★★★☆

上達する能力
- ▶ 間合
- ▶ 打突の機会
- ▶ 体さばき
- ▶ 手の内の冴え
- ▶ 打突の強度

やり方

2人ひと組で試合の残り時間が少ない状況での戦い方を稽古する。残り時間を30秒、45秒などと短く設定し、すでに一本をとっている側と、一本をとり返す側という状況をつくる。攻める側、守る側を入れ替えて何セットか行う

【仕かける側:一本をとらなくてはいけない】

仕かける(攻める)側は、技が尽きることのないよう、続けて仕かけていく。「必ず一本をとる」という気迫をこめて、積極的に前へ出て相手を攻める。

▶ 果敢に前へ出て、尽きることなく技を出していく

▶ 攻め続けるなかで、相手に隙ができたところを逃さない

⚠ ポイント

気迫を前面に出して攻めつつ相手の隙も冷静にさぐる

相手に一本をとられているので、試合が終わるまでに一本をとり返さなければならない状況。守りにまわる相手を積極的に前へ出て攻め、技を仕かけていく。ただし、やみくもに攻め続けるだけではなく、相手の隙を冷静にさぐり、そこを崩して一本をとりにいく。「何としても一本をとる」という気迫を養う稽古でもある。

❓ なぜ必要?

試合で同じ状況になってもあわてない

試合でのさまざまな状況を想定して、日ごろから稽古しておくことは大切。試合で同じような場面になっても、あわてることなく対応できる。ここでは試合の残り時間が30秒という設定で、どうしても一本をとらなければいけない側、現状を守って試合を終えたい側、それぞれの戦い方を研究し、実戦に生かす稽古法を紹介している。どちらも試合のつもりで真剣にやることに意義がある。

【応じる側：相手が慌てて出てくるところをねらう】

応じる（守る）側は、一本をとられないよう守りをかためながら、相手に隙があれば攻めていく。
一本をとりにくる相手に対して、出ばな技や応じ技で一本をとる工夫をする

▶ 無理をせず、しっかり守りながら、相手の技に応じて攻める

▶ 守りつつ、いつでも攻められる準備はしておき、相手に隙がみえたら思いきって打突する

❗ ポイント

守りながら攻めるが基本 技に応じて打つ 隙をみて打つ

すでに一本をとって、このまま試合が終われば勝てる状況。無理をして攻めていかず、守りながら攻めることを基本にする。こちらから前へ出ていくのではなく、劣勢の相手が技を出してくるところを応じて打てばよい。果敢に攻めてくる相手の出ばなや、技が尽きるような瞬間をねらう。そうした隙がみえたら、すかさず打っていく身構え、気構えをもっておく。ただ守るだけ、逃げるだけでは不利な状況になる。

状況に応じた戦い方を身につける

コーナーに追い込まれたときの戦い方を覚える

ねらい

難易度 ★★★★★

上達する能力
- 間合
- 打突の機会
- 体さばき
- 手の内の冴え
- 打突の強度

Menu 061 コーナーでの戦い方

やり方

コーナーに立っている状況を設定し、追い込む側、追い込まれた側、それぞれが一本をとるつもりで攻め合う。ここでは引き面を打ってコーナーへ下がったところで、相手の面打ちをすり上げ、体をさばいて胴を打突している

① 引き面を打って下がり、コーナーで行き詰まった状態
②〜③ 一本をとる、場外へ出すといった気持ちで、相手が攻めてきたところをすり上げて応じる
④〜⑥ 体をさばいて場外へ出ないようにしながら、胴を打突する

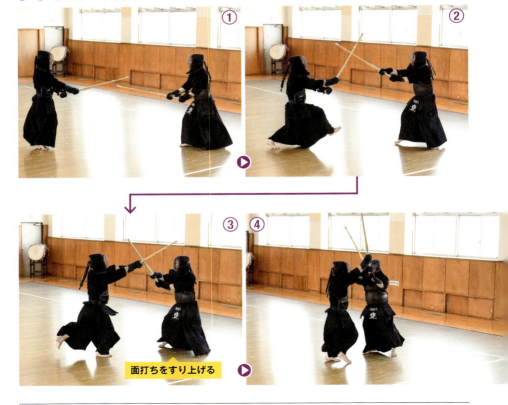

面打ちをすり上げる

ポイント　コーナーから攻めることでピンチをチャンスにする

試合では自分の後ろに広いスペースを確保するのが鉄則。コーナーに追い詰められると、不利な立場になりやすい。しかし、不利と有利は紙一重で、以下のようなコーナーでの戦い方を知っていれば、一瞬で攻められる側が攻める側に逆転する。守るのではなく「コーナーから相手を攻める」気持ちで稽古しておこう。

- 打ってくる相手を引き込んで打突する
- 前へ出てくる相手の出ばなをねらう
- 体さばきで相手をかわしながら打突する
  （ここで紹介しているパターン）
- 相手をかわして場外へ出す

このようなパターンを稽古しておけば、試合でもあわてずに対処ができる。

▶ただ相手の打突を受けるだけでは、右の写真のように場外へ出されてしまう可能性が高い。追い詰められても攻める気構えで対処しよう。逆にコーナーにいて、追い込んでくる相手をかわして場外へ出すような技術など、いろいろな対応力を身につけよう

なぜ必要？

コーナーに立ったときの戦い方をシミュレーションしておく

試合では自分が試合場のどこにいるのか、的確に判断して戦い方を変える必要がある。とくにコーナーでの攻防は重要。コーナーに立つと相手は場外へ出そうと、勢いよく前へ出て攻めてくる。こうした状況に対処できるよう、稽古のなかでさまざまなシミュレーションをしておこう（ポイント参照）。逆に追いかける側は、相手をコーナーに追いつめて一本をとる稽古、相手を場外へ出す稽古になる。

応じではなく受けになっている

⑤ 右へ体をさばきながら胴を打突する

⑥

column
試合に強い人は自分の得意技をもっている

「この技は人に負けない」というものを身につけると、それが自信にもつながり、相手を攻める気持ちにもつながっていく。そうすると自然にゆとりが生まれ、冷静に試合へのぞめる。

また、「最後はこの技できめる」という目標があれば、そこへいくまでの戦術や試合プランも立てられる。

仕かけ技、応じ技を合わせて、3つくらいの得意技があれば、戦い方のバリエーションも豊富になり、相手に応じた戦術を選べるようになる。ちなみに試合巧者といわれる人の中には、まったく違う技で攻めておき、そこに相手の意識を向けてから、得意技で勝負をきめる人もいる。

得意技をもつメリットはそれだけではない。よく試合をする相手であれば、当然こちらの得意技を警戒してくる。小手打ちが得意、という意識があれば、そればかりが気になり、心が居ついてしまう。これは剣道で戒められている「止心」（心が一つのことに奪われてしまうこと）につながり、これだけで相手は劣勢に立たされる。さらに、得意技が気になって、ほかの部位に隙ができることも多くなる。

さらに、得意技があれば試合に強くなるばかりではなく、磨きをかけるために努力、工夫する楽しさを味わうことができ、剣道の上達にも弾みがつくだろう。

第5章
練習計画の立て方

ここまで紹介してきた練習メニューを
いかにして組み合わせ、スケジュールを立てるか。
本章では実際の筑波大学剣道部の
練習メニューを元に説明する。

練習計画の立て方

01 練習計画の立て方

練習計画を立てるには、1年後の具体的なゴールを明確にしなければならない。
目標が決まれば、そこへ向けて「何をするべきか」も必然的に決まってくる。

練習メニューの組み方

1年間の具体的な
目的、目標が稽古内容や
スケジュールのベース

　まず、何を1年間の目的、目標にするかを明らかにする。例えば1年後の大会では県でベスト4に入るなど、具体的で現実的な目標を掲げる。それをもとに、1年後に向けた各季節の目標やテーマを決め（P170参照）、それに沿った月ごとの練習メニュー、1日の練習メニューを組んでいく。

1年間の目的、目標を明確にする
（個人・団体）

⬇

季節ごとの目標、テーマを決める

⬇

季節のテーマに沿った、
月ごと、1日の練習メニューを組む

166

練習メニューを組むときのポイント

冬場は基礎、体力、地力をつけるのに最適な季節

　基礎、体力、地力をつける練習は暑い夏場は避け、冬場に行うほうがよい。寒稽古は厳寒のなか、早朝から練習をするので、練習条件がよいわけではない。しかし、厳しい環境で稽古をすることで、自分に負けない強い精神力が身につく。剣道ではこの精神力が大切になる。

　冬の寒稽古に対して、夏は実戦を想定した暑中稽古を行う。夏場の暑さに負けない実戦的な厳しい練習が、秋の好成績につながる。

寒稽古
真冬の寒の時期、
早朝から行われる稽古。
地力や体力はもとより、
剣道に大切な
強い精神力が養われる。

暑中稽古
秋の試合に向けた
実戦的な練習を主とする。
夏の暑さに負けない
精神力も養われるが、
水分補給を忘れないこと。

練習計画の立て方

02 練習の成果を出すための
チーム・マネジメント

いくら有意義な練習計画を立てても、選手のモチベーションや意識が低ければ効果は生まれない。指導者としていかに選手を導くか、その手腕が問われる。

チーム力を養うには？

信頼関係と連帯意識で
チームの団結をはかる

　剣道には個人戦、団体戦の両方がある。とくに団体戦は個人戦と異なり、試合のいいながれをつくるためにチーム力が大切になる。チームの気持ちがひとつになれば、試合の雰囲気もよくなるからだ。

　前の選手が負けたときは、自分が取り返す、という気持ちをもつようなチームでありたい。剣道にもこうした連帯意識は必要で、チーム内でライバル意識ももちつつ、お互いに信頼関係を共有しよう。そのためには、普段からのコミュニケーションが大切になる。

団体戦ではチーム力が大きな力になる

- 試合のいいながれ
- 試合の雰囲気づくり
- チームの連帯意識

日頃からのコミュニケーションで、ライバル意識をもちつつ、信頼関係を築く

168

選手をやる気にさせるには？

うまくいかない原因と対策を
自分自身で考えさせる

　選手のやる気を引き出し、高い意識づけをすることは、指導者の重要な役割のひとつ。そのためには、稽古の意味を選手に考えさせることが大切になる。今日の稽古で納得できないこと、うまくいかなかったことを「どうすればよくなるか」「明日の稽古で何をすればうまくいくのか」を自分で考えさせよう。

　選手たちに心がけてほしいのは、指導者やOB、年長の経験者から、いろいろなことを積極的に学ぼうという意識をもつこと。さらに、剣道は「見取り稽古」が重要といわれるように、先生や強い選手の試合、稽古を見て、打突の機会のとらえ方、攻め方などを見て学ぶこと。悪い打ち方を見るのも学ぶ材料になる。

練習計画の立て方

03 年間スケジュールの把握

　1年間の目標やテーマに加え、個人戦や団体戦の試合スケジュールから逆算して、時期（季節）ごとのテーマ、練習メニューが決まる。

4〜7月 試合期（個人戦）

　学校などでは特に新入部員の精神的な面をケアしつつ、体のコンディションを整え、実戦的な練習、戦術練習などを中心に行う。個人戦は時間制限がないので、じっくり勝負するような練習メニューも加える。

8月 強化期（夏合宿）

　試合期のはざまなので、秋の試合期のための強化をする。水分補給を忘れずに熱中症など十分に注意する。

9〜11月 試合期（団体戦）

　春と同じように精神面や体のコンディションを整える。団体戦は時間制限があるので、時間内に一本をとるような練習メニュー（p160〜参照）なども加える。

12〜3月 強化期間（寒稽古）

　この時期はしばらく試合からはなれるので、切り返しと打ち込み練習を中心に行い、剣道の体力や基礎、地力をつけていく。同時に寒さのなかで稽古することで、精神力を鍛錬することも大切になる。

筑波大学剣道部のおもな年間スケジュール

月	時　期	主　要　大　会	ポ　イ　ン　ト
4	試合期 （個人戦）	学内予選	試合稽古 遠征稽古
5		関東学生（個人）	試合稽古・調整
6		各地で全日本選手権の予選	試合稽古
7		全日本学生選手権	試合前の調整 各地へ帰省して稽古
8	強化期間 （夏合宿）		体力、技術強化
9	試合期 （団体戦）	学内予選 関東学生（団体）	試合に向けた調整 限られた時間内に 1本をとる稽古
10		全日本学生（団体）	
11		全日本女子学生（団体）	
12	強化期間	都道府県対抗各地区予選	体力、技術強化、切り返し、 かかり稽古、走り込み
1	強化期間 （寒稽古）		
2	自主練習期間		春に向けての準備
3	強化期間 （春合宿）		遠征稽古

練習計画の立て方
04　1日の練習スケジュール

1日の練習スケジュールは、ベースとなるメニューを最初に組み、そこへ試合期や強化期間など、各時期に適したメニューを加えて構成する。強化期間なら「切り返し」「かかり稽古」の量を増やしてみる。ちなみに、切り返しは剣道のあらゆる要素が含まれた基礎練習なので、積極的に稽古へ取り入れたい。

基本の練習メニュー

短時間で内容が濃く、効率のよいメニューを組む

　筑波大学剣道部の場合、授業後の限られた時間で稽古をするので、短時間で効率よく成果のあがるメニューを組んでいる。基本となる素振りから始まり、基本打ち、上級生が元立ちになっての地稽古、さらに3人ひと組での掛かり稽古へと続く。

　このようなメニューに、ときには「体当たり」の練習も入れると、激しい稽古になる。日曜日・祝日はトレーニングを中心としたメニューで、基礎体力の維持、向上などをおもな目的にしている。

平日の練習メニュー （週一回は日本剣道形、五行之形の稽古を行う）

時		17			
分	16:50	17:00	17:10	17:20	17:25
内容	整列	体操	素振り	整列	基本打ち
詳細		●跳躍 ●屈伸 ●伸脚 ●前後屈 ●回旋 ●アキレス腱 ●首の運動 ●各自ストレッチ	●上下素振り ●斜め素振り ●正面素振り ●左右面素振り ●体さばき素振り 　(各20本) ●跳躍素振り 　(50本)		●切り返し10回 ●面打ち(2本交代×3)×2 ●小手打ち(2本交代×3)×2 ●小手面打ち(2本交代×3)×2 ●突き(2本交代×3)×2 ●引き技(2本交代×3)×2 ●上段に対して 　(2本交代×3)×2 ●応じ技(2本交代×3)×2 ●得意技の練習(2本交代×3)×2

日曜日・祝日の練習メニュー（その他、各自で自主的に補う）

時	10		11
9:50 集合	10:00 ランニング	10:30 トレーニングor剣道	11:00 ストレッチ
詳細		【トレーニングの場合】 ● 筋力トレーニング 【剣道の場合】 ● 技の研究 ● 基本打ち ● 地稽古	

	18			19	
17:50 休憩	18:00 地稽古	18:45 かかり稽古・切り返し	18:55 素振り	19:00 整列	19:05 整理運動
	● 指導者及び 　上級生が元に立ち 　各自地稽古を行う	● 3人組で行う ● 2人組で行う ● 切り返し	● 正面素振り ● 跳躍素振り （各50本）		各自ストレッチ

173

CONCLUSION

おわりに

　海外での講習会や日本に来た外国人剣士を指導するとき、彼らは私が新鮮に感じる疑問をよく投げかけてきます。私が「これはこうして打つ」と説明すると「なぜそう打つのか？」と尋ねてくるのです。

「なぜ姿勢を正すのか？」「なぜ打突するときに声を出すのか？」。日本人が当たり前と思い、疑問にさえ感じないことが、彼らには腑に落ちないのでしょう。

　しかし、よく考えてみれば、彼らの疑問は当然であり、むしろ真摯に剣道と向かい合っているといえます。構えや姿勢、かけ声にも、それぞれそうする意味合いがあり、理があります。

　こうした剣道の基礎となる部分を知らずに稽古をするのと、納得して稽古をするのとでは、そこに大きな差がつき、技の練度や上達の速さも違ってくるでしょう。

　本書ではこうした普段みなさんが見逃してしまうことにも目を向けています。どうか「今さら」と思うことなく、剣道の基本をどこまで理解しているか、実践できているか、この本を見ながら自分の剣道を見つめなおしてください。意外にも今まで気づかなかった発見や、上達のヒントが見つかるかもしれません。

　剣道は技能を磨くだけのものではありません。剣道の目的は、試合という手段によって「剣道が良くなり、人間形成につながる」ことです。ところが現在は、試合に勝つことが目的となり、公明正大とはいえない行為を試合で見かけることも少なくありません。

　このような悪い傾向は正していくべきですが、一方、勝負としての試合には勝たなくてはなりません。こうした剣道のもつ伝統文化の側面と、競技性をうまく融合させることが、本書を読んでいただいた指導者、若い剣士たちのこれからの使命だと思います。

　そのために、どうかみなさんは「正しい稽古で、正しい剣道を身につけ、良い剣道で試合に勝つ」ことを目標にしてください。本書がこうした目標達成のための参考や手助けになれば、著者としてこれ以上の喜びはありません。

筑波大学教授 範士八段　**香田郡秀**

著者&チーム紹介

著者
香田郡秀 こうだ・くにひで

剣道範士八段。
1957年生まれ、長崎県出身。
筑波大学大学院人間総合科学研究科教授、筑波大学剣道部部長。
長崎東高校時代にインターハイ個人優勝。筑波大学卒業後は長崎で教職に就き、後に筑波大学へ。世界剣道選手権大会個人優勝、全日本剣道選手権大会3位、全国教職員剣道大会個人優勝など選手として輝かしい実績を残し、筑波大学の監督としても多くの選手を全国優勝に導いている。大学のほかに、国内外各地で講習会などでの指導にもあたっている。

撮影協力　**筑波大学 剣道部**　（写真左から）松井真之介、加納誠也、甕健介

175

デザイン／有限会社ライトハウス
　　　　　黄川田洋志、井上菜奈美、藤本麻衣、
　　　　　石黒悠紀、岡村佳奈、坪井麻絵
写　　真／矢野寿明
編　　集／児玉光彦
　　　　　木村雄大（ライトハウス）

身(み)になる練習法(れんしゅうほう)
剣道(けんどう)　質(しつ)と実戦力(じっせんりょく)を高(たか)める稽古法(けいこほう)

2018年6月30日　第1版第1刷発行

著　　者／香田郡秀(こうだくにひで)

発　行　人／池田哲雄
発　行　所／株式会社ベースボール・マガジン社
　　　　　〒103-8482
　　　　　東京都中央区日本橋浜町2-61-9 TIE浜町ビル
　　　　　電話　　03-5643-3930（販売部）
　　　　　　　　　03-5643-3885（出版部）
　　　　　振替　　00180-6-46620
　　　　　http://www.bbm-japan.com/

印刷・製本／広研印刷株式会社

©Kunihide Koda 2018
Printed in Japan
ISBN 978-4-583-11071-4 C2075

＊定価はカバーに表示してあります。
＊本書の文章、写真、図版の無断転載を禁じます。
＊本書を無断で複製する行為（コピー、スキャン、デジタルデータ化など）は、私的使用のための複製など著作権法上の限られた例外を除き、禁じられています。業務上使用する目的で上記行為を行うことは、使用範囲が内部に限られる場合であっても私的使用には該当せず、違法です。また、私的使用に該当する場合であっても、代行業者等の第三者に依頼して上記行為を行うことは違法となります。
＊落丁・乱丁が万一ございましたら、お取り替えいたします。